Makesizhuyi Zhuzhai Lilun Yu
Zhongguo Nongcun Zhaijidi Kaifa Yanjiu

马克思主义住宅理论与
中国农村宅基地开发研究

邹士享　黄莉　著

中国社会科学出版社

图书在版编目（CIP）数据

马克思主义住宅理论与中国农村宅基地开发研究／邹士享，黄莉著.
—北京：中国社会科学出版社，2021.1
ISBN 978 - 7 - 5203 - 7616 - 7

Ⅰ.①马… Ⅱ.①邹…②黄… Ⅲ.①马克思主义理论—住宅建设—
研究②农村—住宅建设—土地开发—研究—中国 Ⅳ.①F290②F321.1

中国版本图书馆 CIP 数据核字（2020）第 255036 号

出 版 人	赵剑英	
责任编辑	田 文	
责任校对	张爱华	
责任印制	王 超	

出 版	中国社会科学出版社	
社 址	北京鼓楼西大街甲 158 号	
邮 编	100720	
网 址	http://www.csspw.cn	
发 行 部	010 - 84083685	
门 市 部	010 - 84029450	
经 销	新华书店及其他书店	

印 刷	北京君升印刷有限公司	
装 订	廊坊市广阳区广增装订厂	
版 次	2021 年 1 月第 1 版	
印 次	2021 年 1 月第 1 次印刷	

开 本	710×1000 1/16	
印 张	13	
字 数	207 千字	
定 价	69.00 元	

目　　录

第一章

马克思主义住宅理论的形成

第一节　马克思主义住宅理论的形成过程

马克思主义住宅理论是马克思主义理论的组成部分，是在马克思主义形成和发展的过程中不断丰富和发展的。伴随着 19 世纪 40 年代马克思主义的产生而产生，伴随着马克思主义的发展，到 19 世纪七八十年代不断丰富和完善。

一　马克思主义住宅理论的产生

马克思主义住宅理论的产生过程大致经历了两个阶段，从 19 世纪 40 年代在《国民经济学批判大纲》《1844 年经济学哲学手稿》《英国工人阶级状况》中提出住宅问题，到 19 世纪 70 年代出版《论住宅问题》，形成系统的住宅理论。

马克思主义住宅理论的产生。马克思、恩格斯分析住宅问题是从所有制制度和土地制度开始的，从私有制分析到私有财产，住宅作为私有财产的一部分，成为私有制的产物。接着恩格斯作为英国曼彻斯特的一名资本家，从工人阶级的视角，通过大量的调查和精细的观察分析，在《英国工人阶级状况》中，揭示了城市化带来的住宅问题，详细描述了工人阶级的住宅状况，分析了工人阶级住宅脏、乱、差产生的根源。

工人阶级解决住宅问题的理想目标。在为世界上第一个无产阶级政党——共产主义者同盟制定纲领时，恩格斯在 1847 年 10 月写作了《共产主义原理》，作为《共产党宣言》的初稿，在书中恩格斯描绘了未来社会住宅建设的美好蓝图。

二　马克思主义住宅理论的系统阐发

马克思主义住宅理论的系统阐发，主要见于恩格斯 1872—1873 年写作的《论住宅问题》。恩格斯在 1887 年该书第二版序言①中，介绍了写作该书的背景，当时德国作为一个统一的帝国，正处于工场手工业和小生产向大工业过渡时期，城市化迅速发展，出现了住房短缺的问题。于是，当时德国的报刊上充满了讨论住宅问题的文章，各种社会庸医纷纷提出了解决住宅短缺问题的各种主张，如在《人民国家报》② 上刊登了一系列这样的文章，其中有一部分是自称符腾堡的医学博士阿·米尔伯格以《住宅问题》为题，发表在该报 1872 年 2 月 3、7、10、14、21 日和 3 月 6 日上的六篇文章，主要宣传法国无政府主义者蒲鲁东③解决住宅问题的观点。恩格斯看到这些文章后表示非常惊异，《人民国家报》编辑部于是邀请恩格斯写文章对阿·米尔伯格的文章作一个答复。恩格斯为此写作了三篇文章，批判蒲鲁东的住宅观点，阐述马克思主义的住宅理论，这三篇文章分别是：《蒲鲁东怎样解决住宅问题》；《资产阶级怎样解决住宅问题》；米尔伯格对恩

---

① 《马克思恩格斯文集》第 3 卷，人民出版社 2009 年版，第 239—249 页。

② 《人民国家报》（*Der Volksstaat*）是 19 世纪德国工人运动中的著名报纸，德国社会民主工党（爱森纳赫派）的中央机关报，主编威廉·李卜克内西。该报 1869 年 10 月 2 日在莱比锡创办，1876 年 9 月 29 日停刊。该报反映德国工人运动中马克思主义派的观点，该报编辑多次被当局逮捕，使得编辑部成员不得不经常调整。马克思和恩格斯同该报编辑部保持着密切联系，一方面为报纸撰稿，同时进行指导，严厉批评报纸的错误，恩格斯称该报为"我们的优秀报纸"。

③ 蒲鲁东（Pierre Joseph Proudhon，1809—1865），法国经济学家和社会学家，小资产阶级社会主义者，无政府主义创始人之一，法国早期工人运动活动家，第二共和国时期是制宪议会议员（1848）。首倡"无政府主义"一词，反对政府和一切权威、法律，提出"打倒政党，打倒政权，要求人和公民的充分自由"的口号。反对暴力革命。蒲鲁东的学说和政治活动对巴黎公社前的法国工人运动颇有影响，形成"蒲鲁东派"，此外还在意大利和西班牙等小生产占优势的国家中流传。马克思和恩格斯在《哲学的贫困》和《论住宅问题》等著作中，对其思想作了深刻的批评。其主要著作还有《论工人阶级的政治能力》《法兰西民主》《国家政变是社会革命的表现》《十九世纪革命的总观念》等。

格斯的文章予以了答复,于是恩格斯又写了第三篇《再论蒲鲁东和住宅问题》。这三篇文章分别发表在该报 1872 年 6 月 26、29 日,7 月 3 日,12 月 25、26 日第 51、52、53、103 和 104 号;1873 年 1 月 4、8 日,2 月 8、12、19 和 22 日第 2、3、12、13、15 和 16 号;并于 1872—1873 年以三个分册在莱比锡出版。1887 年 3 月,《论住宅问题》在霍廷根—苏黎世出了第二版,恩格斯写了一篇序言,解释了写作三篇文章的背景。

　　恩格斯的《论住宅问题》是一部论战性著作,体现了马克思主义经典著作家的学术特点。恩格斯为什么要在批判蒲鲁东的基础上阐述自己的住宅理论?他在第二版序言中做了三点说明。第一,这些文章不仅限于同蒲鲁东及其德国的蒲鲁东主义者的论战,还在于马克思和恩格斯理论创作上的分工,恩格斯的任务是要在定期报刊上,特别是在同敌对观点的斗争中,阐述马克思主义的见解,以便让马克思可以集中精力研究写作《资本论》巨著。第二,蒲鲁东在欧洲工人运动史上曾起过很大作用,蒲鲁东在理论上倡导无政府主义,反对一切权威、政权,主张人和公民的充分自由的学说和政治活动对巴黎公社前的法国工人运动颇有影响,在法国、西班牙、意大利等国形成了一批追随蒲鲁东主义的"蒲鲁东派"。而马克思在《哲学的贫困》等著作中,只是批判了蒲鲁东早期的一些错误观点,要在马克思主义的著作中比较完整地清算蒲鲁东的思想,恩格斯就主动承担起了在马克思主义著作中补充的任务。第三,资产阶级社会主义和小资产阶级社会主义当时在德国还有很多代表,一方面是以"讲坛社会主义者"① 和各种慈善家为代表,他们主张工人应成为自己住房的所有者,但这只能是不切实际的奢望,恩格斯认为,"我的这部著作仍然适于用来反驳

---

　　① 讲坛社会主义是 19 世纪 70—90 年代一个资产阶级思想流派。该派的代表人物主要是德国的大学教授,他们在大学的讲坛上宣扬资产阶级改良主义。其代表人物阿·瓦格纳、古·施穆勒、路·布伦坦诺等人认为国家是超阶级的组织,鼓吹资产阶级和无产阶级之间的阶级和平,主张不触动资产阶级的利益,逐步实现"社会主义"。这一派的纲领局限于提出一些社会改良措施,如设立工人疾病和伤亡事故保险等,目的在于削弱阶级斗争,消除革命的社会民主党人的影响,马克思和恩格斯对之进行了坚持不懈的斗争。

他们"①；另一方面，在社会民主党内部，包括帝国国会党团内，也有小资产阶级社会主义的代表，他们虽然也承认现代社会主义的基本观点，但认为只有在遥远的、无限渺茫的未来才能实现这些主张，因此当前只能从事单纯的社会补缀工作。这种倾向当时受到了批判，但一旦具有了稳定的形式后，他们又会重新站出来鼓吹其观点，甚至追寻其理论溯源至蒲鲁东，因此恩格斯认为当时进一步批判蒲鲁东的观点是必要的。

《论住宅问题》是恩格斯批判蒲鲁东主义和资产阶级改良主义，阐发科学社会主义理论的重要著作。在这部著作中，恩格斯集中阐明了马克思主义解决住宅短缺这类民生问题的立场和观点，分析了社会历史发展中出现住宅短缺问题的背景和造成住宅短缺的原因，剖析了资本主义条件下住宅问题的实质，解决资本主义住宅问题的根本途径，形成了比较系统的马克思主义住宅理论。恩格斯还在论述住宅问题的基础上，对科学社会主义的一些基本原理做了深刻论述，他根据马克思主义剩余价值理论揭露了资产阶级对工人阶级的残酷剥削和掠夺，揭示了资本主义法律不过是资本主义社会经济关系的反映，阐明了无产阶级及其政党的斗争目标，论述了产生城乡对立的原因及解决途径，从历史唯物主义高度阐释了工业和科技的发展对社会物质生产发展所起的重要作用。

第二节　马克思主义住宅理论的主要内容

马克思主义住宅理论分析了资本主义经济制度基础上，住宅短缺问题产生的背景，住宅问题产生的根源，资本主义社会住宅问题的实质，解决住宅问题的途径，以及未来共产主义社会住宅的特征，构成了马克思主义关于住宅的基本理论内容。

---

① 《马克思恩格斯文集》第3卷，人民出版社2009年版，第242页。

一　资本主义住宅短缺问题产生的背景

恩格斯认为，资本主义在发展过程中，会出现住房短缺问题，特别是在由封建的农业文明向资本主义工业文明转变的过程中，伴随着工业化的发展，城市不断兴起，城市化进程加快，人口不断向城市集聚，这一阶段一般都会出现住房短缺问题。他认为："今天所说的住房短缺，是指工人的恶劣住房条件因人口突然涌进大城市而特别恶化；房租大幅度提高，每所住房更加拥挤，有些人根本找不到栖身之处。"① 恩格斯在界定住房短缺后作了具体分析，随着城市的发展，大城市不断向外扩展，使城内某些地区，特别是市中心的地皮价值人为地大幅度上涨。但原先建筑在这些地皮上的房屋，不但没有随之提高价值，反而降低了价值，这是因为这些房屋已经不适合周围的环境，必须被拆除，修建新的房屋。原来建在市中心的工人住房首先遭到拆除，工人被排挤到城市郊区，在那里住房狭小且少，房租上涨，工人的居住条件更加恶化。而在拆迁的城市中心，新建了大量的商店、货栈或公共建筑，在这一拆一建之中，资本家乘机发了财，而工人的处境和住房条件越来越差。这种情形在当时的法国巴黎、英国伦敦、曼彻斯特、利物浦等城市都出现过。

恩格斯认为，这种住房短缺的问题不仅是工人阶级面临的问题，小资产阶级也面临同样的遭遇，在这一点上，恩格斯批判了德国蒲鲁东主义者的观点，德国蒲鲁东主义者认为房屋"承租人与房主的关系，完全和雇佣工人对资本家的关系一样"，恩格斯认为，这是一种单纯的商品买卖，不是无产者和资产者之间、工人和资本家之间的交易，出租人不论在承租人那里占了多少便宜，这始终只是已经存在着的先前生产出来的价值的转让，而承租人和出租人共同占有的价值总量仍旧不变。这种交易是按照各种调节一般商品买卖，特别是调节"地产"这一商品买卖的经济规律进行的。承租房屋的价值，第一，计算整个房屋或房屋一部分的建造和维修费用；第二，集聚房屋位置好坏程度而定的地价；第三，起决定性作用的要看当时的供求关系。

---

① 《马克思恩格斯文集》第3卷，人民出版社2009年版，第250页。

恩格斯告诉我们，承租人和出租人之间只是一种商品交换关系，是商品使用权的让渡，依据价值规律商品交易原则，而问题的根本则在于房屋的所有权以及建造房屋的土地所有权。

通过恩格斯的分析，我们看到，住房短缺是社会从农业文明转向工业文明、从乡村中心向城市化发展时期的特有现象。资本主义前社会是农耕文明时代，人们主要生活在农村，分散而居，住房一般由农民自建，不会出现住房短缺问题。随着社会发展，生产力进步，原始社会末期开始出现社会分工，最先出现农业和畜牧业的分离，随后是手工业和农业的分离，再次是商业的出现，随着社会的进一步发展，分工进一步细化，城镇开始出现，人类开启了城镇化进程，部分人开始向城镇迁徙，定居城镇。资本主义的出现，工业文明逐步代替农业文明，成为人类主要的生产方式，城市化进程加快，向城市迁徙的人越来越多，特别是18世纪第一次产业革命，推动了社会生产力的快速发展，大机器工业的出现，大规模工厂的兴起，需要大批的劳动力，引发了工人阶级向城市的集聚。"工业的迅速发展产生了对人手的需要；工资提高了，因此，工人成群结队地从农业地区涌入城市，人口急剧增长，而且增加的几乎全是无产者阶级。"① 工人向城市的集聚带来了住房短缺问题，尤其是工人住房的短缺，工业基础较好的城市相对好一点，新兴的工业城市住房短缺问题更为突出。所以恩格斯分析在资本主义比较发达的西欧最先出现住房短缺问题，也说明住房短缺现象是城市化进程中必然出现的问题，资本主义时期如此，今天的社会主义时期也是这样。

二　资本主义时期工人住宅问题的状况

恩格斯24岁时利用自己在英国曼彻斯特父亲开办的工厂实习和工作的机会，加上自己精心的观察和勤勉的走访，1844年9月至1845年3月写作了《英国工人阶级状况》一书，最初于1845年夏天在德国出版，其英译本于1887年在纽约出版，1892年在伦敦再版。在书中恩格斯分析了产业革命给英国带来的影响，以亲身的观察和大

---

① 《马克思恩格斯文集》第1卷，人民出版社2009年版，第402页。

量真实的数据描述了英国工人阶级凄惨的生活生产状况。其中对英国工人阶级的拥挤脏乱的住房条件做了深刻揭露。

（一）大城市产业工人集聚带来的环境问题

人口集中导致空气不利流通，城市建筑本身又阻挡了空气的流动，到处丢弃的垃圾、腐烂的食物等更导致空气污浊，环境污染导致人肢体疲劳、精神萎靡、生命力减退。恩格斯说："大城市人口集中这件事本身就已经引起了不良后果。伦敦的空气永远不会像乡村地区那样清新，那样富含氧气。250 万人的肺和 25 万个火炉挤在三四平方德里的面积上，消耗着大量的氧气，要补充这些氧气是很困难的，因为城市建筑形式本来就阻碍了通风。呼吸和燃烧所产生的碳酸气，由于本身比重大，都滞留在街道上，而大气的主流只从屋顶掠过。"① 人口的聚集导致了环境的恶化，而在工人聚居区住房狭小、空气潮湿，工人生活环境更加糟糕。"城市人口本来就过于稠密，而穷人还被迫挤在一个狭小的空间。他们不仅呼吸街上的污浊空气，还被成打地塞在一间屋子里，他们在夜间呼吸的那种空气完全可以使人窒息。给他们住的是潮湿的房屋，不是下面冒水的地下室，就是上面漏雨的阁楼。为他们建造的房子不能使恶浊的空气流通出去。给他们穿的衣服是坏的、破烂的或不结实的。给他们吃的食物是劣质的、掺假的和难消化的。"② 工人阶级恶劣的居住和生活条件，是他们受剥削、受压迫的最真实写照。

（二）城市中条件最差的是工人住宅

工人阶级的住宅条件和这个阶级的其他生活条件结合起来，成了百病丛生的根源。恩格斯通过亲身体验观察，指出："在大城市的中心，在四周全是建筑物、新鲜空气全被隔绝了的街巷和大杂院里，一切腐烂的肉类和蔬菜都散发着对健康绝对有害的臭气，而这些臭气又不能毫无阻挡地散出去，势必要造成空气污染。因此，大城市工人区的垃圾和死水洼对公共卫生造成最恶劣的后果，因为正是这些东西散发出制造疾病的毒气；至于被污染的河流，也散发出同样的气体。但

---

① 《马克思恩格斯文集》第 1 卷，人民出版社 2009 年版，第 409—410 页。
② 《马克思恩格斯文集》第 1 卷，人民出版社 2009 年版，第 410—411 页。

是问题还远不止此。真正令人发指的，是现代社会对待大批穷人的态度。"① 恩格斯具体分析了工人阶级悲惨的生活环境带来的健康问题："他们的住宅是怎样拥挤，每一个角落都塞满了人，病人和健康人睡在一间屋子里，睡在一张床上，那么，人们还会对于这样一种容易传染的热病竟没有更广泛地蔓延而感到惊奇。"② 悲惨的生活环境，使肺病、伤寒、热病等传染病在工人中间肆虐，严重损害了工人阶级的身心健康。就连当时英国政府官方的调查也证实了这一点，认为产生这些疾病的原因是住宅的通风、排水和卫生的恶劣状况引起的。

工人阶级糟糕的居住和生活环境造成的直接后果就是工人的身体健康受到摧残，"他们几乎全都身体衰弱，骨瘦如柴，毫无气力，面色苍白。……几乎所有的人都消化不良，因而都或多或少地患着忧郁症，总是愁眉苦脸，郁郁寡欢。他们的衰弱的身体无力抵抗疾病，因而随时都会病倒。所以他们老得快，死得早"③。恩格斯引述当时英国户籍总署署长乔·格雷厄姆和曼彻斯特医生 P. H. 霍兰的官方报告，说明了其造成的严重后果。户籍总署署长乔·格雷厄姆在《英国户籍总署署长关于出生、死亡、婚姻的第 5 号年度报告》中披露，当时全英格兰和威尔士的死亡率 1839—1840 年接近 2.25%，即每 45 人中就有 1 人死亡。1843 年英国几个工人阶级集中的大城市的死亡率统计，曼彻斯特是 1 ∶ 32.72，利物浦是 1 ∶ 31.90，柴郡、兰开夏郡和约克郡是 1 ∶ 39.80，都高于全英国平均水平。曼彻斯特医生 P. H. 霍兰当时受官方委托，对曼彻斯特郊区的乔尔顿做了一个死亡率调查即 1844 年《大城市人口密集地区情况调查委员会委员的第 1 号报告》，他把住宅、街道分为三等，得出了不同的人口死亡率。其中二等街的死亡率比一等街高 18%，三等街比一等街高 68%；二等房屋的死亡率比一等房屋高 31%，三等房屋比一等房屋高 78%；而糟糕的街道经过改善以后，死亡率降低了 25%。这就具体说明了工人阶级住宅环境、住宅质量与人口死亡率的关系，反映了欧洲快速工业化、城镇化中，

---

① 《马克思恩格斯文集》第 1 卷，人民出版社 2009 年版，第 410 页。
② 《马克思恩格斯文集》第 1 卷，人民出版社 2009 年版，第 414 页。
③ 《马克思恩格斯文集》第 1 卷，人民出版社 2009 年版，第 418 页。

工人阶级住宅状况的恶化程度。

英国作为当时世界最发达的资本主义国家，欧洲工业化和城镇化的代表，具有典型性。恩格斯作为曼彻斯特的一个工厂主，利用管理父亲工厂的便利，站在无产阶级的角度，走访、调查，真实地记录了工人阶级的住宅状况，发出了无产阶级在贫民窟的呐喊，揭露了资产阶级在住宅问题上盘剥穷人的罪恶。

三 资本主义社会住宅问题的根源

资本主义社会工人阶级的住宅环境和住宅质量如此恶劣，其根源是什么？可以归结为三个方面。

（一）资本主义土地私有制

资产阶级是资本主义社会的统治阶级，占有生产资料，包括土地资源，土地被资本家私人占有。随着社会从农业文明向工业文明的转型，社会经济的重心逐渐从农村向城市转移，资产阶级日益发展壮大。马克思、恩格斯在《共产党宣言》中指出："资产阶级使农村屈服于城市的统治。它创立了巨大的城市，使城市人口比农村人口大大增加起来，因而使很大一部分居民脱离了农村生活的愚昧状态。"① 是资本主义的发展加剧了城乡分化，促进了工业化和城镇化，使生产资料由分散向城市集中。随着第一次产业革命的发展，资本家的工厂规模不断扩大，对雇佣工人的需求也不断增加，为了保证扩大再生产，方便对工人的管理，资本家利用手中掌握的大量生产资料在工厂附近修建工人住宅，甚至出现了专门的建筑商人（资本家），修建大量的住宅售卖或租赁给工人，从中赚取剩余价值。拥有资本修建工人住宅的也只有资本家，他们凭借雄厚的经济实力，购买土地、建筑材料等生产资料，修建的工人住宅也就成为资本家的私人财产，使资本家增添了一种新的剥削方式，即出卖或租赁房产。能够自己建造住宅的工人只是极少数。正是资本主义私有制，资本家占有土地等生产资料，从而使大部分工人住宅也成为资本家的私有财产。

---

① 《马克思恩格斯文集》第 2 卷，人民出版社 2009 年版，第 36 页。

（二）资产阶级占有工人的劳动

工人阶级是资本主义社会的被剥削阶级，他们由失去土地的农民、破产的手工业者、小商人、无业游民等组成。他们没有自己的生产资料和生活资料，只有通过出卖劳动力，成为雇佣工人，才能生存下来。工人靠出卖劳动力获得的工资，只能满足工人自身和家人的基本生活需要，根本无钱购买宽敞的住宅，甚至居住在资本家为工人修建的住宅里，为此向资本家支付租金，即使资本家美其名曰给工人无偿居住，也是隐含在工资中被资本家以较少的工资支付扣掉。

（三）资产阶级占有政治统治地位

资产阶级凭借经济上的统治地位，在政治上也拥有统治地位，并且以政治上的统治地位进一步巩固和维护经济上的利益。在住宅问题上，资产阶级政府总是从自身利益出发，制定相关法律、制度维护资产阶级对住宅的所有权和占有权。对于工人住宅和环境的脏乱差，它们有时还会"关心"一下，组织一些环境、健康等方面的调查，征求一部分资产阶级知识分子的意见，解决一些环境、安全、医疗方面的问题，但不可能从根本上解决工人在住宅问题上的权利和诉求。有时候，为了推进城市化和资本主义经济的发展，资产阶级政府会将建立在城市中心的工人住宅区强行迁移到城市郊区，迁移到地价低廉的地区，将城市中心或地价高昂的地段留给资本家，这样就会进一步增加工人的生活成本，公共基础设施的不足会使工人的生活质量进一步下降。

资本主义住宅问题的实质。为什么资本家会拥有大多数工人住宅的所有权？为什么资产阶级政府不能也不愿彻底解决工人的住宅问题？其目的是维护资产阶级的利益，其根源就在于资本主义私有制。土地、住宅都是资本家私人占有，是资本家的私有财产，不解决资本主义私有制这个根本问题，就不可能解决工人的住宅问题。在资本主义社会，工人住宅问题的实质就是资本主义私有制。

四　资本主义社会解决住宅问题的途径

马克思主义住宅理论的主旨是分析解剖资本主义住宅问题，为未来社会规划解决住宅问题的宏观构想。马克思主义住宅理论集中体现在恩格斯1872—1873年撰写的《论住宅问题》这一著作中。这是一部论战性著作，是恩格斯为批判阿·米尔伯格这样的小资产阶级庸医提出的蒲鲁东主义解决住宅问题主张而作。所以，要阐述马克思主义解决住宅问题的途径，就必须同时介绍当时资产阶级、小资产阶级学者提出的解决住宅问题的各种"灵丹妙药"。

（一）资产阶级解决住宅问题的方案

当时资产阶级解决住宅问题的关键是工人拥有住宅所有权。有的资本家提出并实施，由资本家建设工人住宅社区，住宅所有权归工人，然后按照分期付款的形式，从工人工资中扣除房子贷款。恩格斯的祖父曾经是第一个建房子分给工人的工厂老板，这种方式能够尽快缓解当时的住房短缺状况，但很难普遍推广实施。因为愿意为工人投资建房的资本家极少，同时这也会成为资本家剥削工人剩余价值的新手段。恩格斯明确反对这种解决住宅问题的思路。

资本家将工人住宅条件差归咎于工人酗酒和无聊娱乐，认为只要工人懂得节俭，勤劳工作，就能过上舒适的生活。恩格斯介绍了资产阶级制定的工人住宅制度：小宅子制和营房制。恩格斯批评这只是"理想领域"里的观念，"在现实中支配工人拥有住宅的是高利贷者、律师和法警，资本主义生产体系使工人很难拥有自己的住宅，更不会因为加倍劳动和节俭而成为资本家"①。恩格斯通过分析资产阶级的工人住宅制度，深刻揭露了资本家在住宅问题上对工人阶级的剥削实质。他认为，资本家为工人建造住宅和生活福利设施，可以获得丰厚的收入，体现在对工人住宅价格的垄断，对工人剩余价值的无偿占有和对工人权利的侵犯。双方一旦达成交易，工人就必须放弃罢工而接受资本家的一切条件，否则就会无家可归，对工人的欺骗就是资产阶级解决住宅问题的秘密。

（二）小资产阶级解决住宅问题的方案

19世纪下半叶，德国加快了城市化和工业化进程，城市中心的低

---

① 臧峰宇：《恩格斯〈论住宅问题〉研究读本》，中央编译出版社2014年版，第9页。

廉工人区住宅被拆除，建设了高档住宅和工业区，工人被迫迁到郊区甚至居无定所，为了解决工人住宅状况恶化的现状，参与德国社会民主运动的小资产阶级知识分子医学博士阿·米尔伯格于1872年2—3月间发表了《住宅问题 社会概略》等文章，阐述了蒲鲁东式的解决住宅问题方案。米尔伯格强调"住宅问题不是仅仅有关无产阶级的问题，相反，它同真正的中间等级、小手工业者、小资产阶级、全部官僚的利益有极大的关系"①。因此，米尔伯格将住宅问题作为当时社会改革的重要问题提出来，为了解决工人住宅问题，他提出了"资本生产率"概念："所谓资本生产率，通过种种形式把最沉重的、敲骨吸髓的负担，加在现代社会身上，其中的一种形式，特别是在城市中，就是租金。"② 实际上，他所说的"资本生产率"就是"剩余价值"，他认为，在住宅问题上，"资本生产率"表现为"租金"，这个"租金"应该是属于社会的，不应归住房所有者，而有租赁合同就会有租金，于是他提出废除住宅租赁制的主张，"废除住房租赁制是在革命思想内部发生的最有成效和最高尚的意向之一，它应当成为社会民主派方面的头等要求"③。具体如何废除"住房租赁制"，米尔伯格提出以"分期付款"的形式赎买出租住宅，这样就能达到法律上的"永恒公平"。

恩格斯认为，米尔伯格将承租人与房主的关系混同为雇佣工人与资本家的关系，实际上二者只是一种商品交易行为，租房只是购买一定期限内的房屋使用权，与资本家占有工人的剩余价值完全不同。恩格斯认为，按照蒲鲁东主义的主张，将租金折换为部分购房款最终获得房子的所有权，就能解决住宅短缺问题。这看似是合理的，但缺乏现实可操作性。因为买卖成功取决于多种因素，如房主是否愿意接受分期付款，工人是否有足够的资金购买住房而不加重生活负担，等

---

① ［德］阿·米尔伯格：《住宅问题 社会概略》，李长山、周志军译，《马列著作编译资料》第2辑，人民出版社1979年版，第127页。

② ［德］阿·米尔伯格：《住宅问题 社会概略》，李长山、周志军译，《马列著作编译资料》第2辑，人民出版社1979年版，第131页。

③ ［德］阿·米尔伯格：《住宅问题 社会概略》，李长山、周志军译，《马列著作编译资料》第2辑，人民出版社1979年版，第136页。

等。大多数工人只能靠微薄的工资维持生活，是没有多余的资金购买住房的，即使是分期付款，它只是对小资产阶级等"中间阶层"有利，所以，这种主张只能是小资产阶级的观点，不能根本解决工人阶级的住宅问题。

（三）资本主义社会组织解决住宅问题的方案

伦敦建筑协会这样的社会组织，提出通过收取会费构成基金，再贷款给工人购房的方式，解决工人的住宅问题。恩格斯对此充满怀疑，因为这种建筑协会不仅能获得不少的利息，而且还是一种投机行为，从中受益的工人只是极少数工资收入比较高的，绝大多数普通工人则无条件享受这种福利，也不具有推广的普遍性。

另外，像英国以国家立法等方式帮助工人拥有住宅的思路也收效甚微，因为不仅有不少官员中饱私囊、以权谋私，而且建筑费用低廉的房子质量不过关，导致住房经常倒塌，引发新的住宅问题。①

（四）解决资本主义社会住宅问题的根本方案

马克思、恩格斯在《政治经济学批判大纲》《英国工人阶级状况》《资本论》《论住宅问题》等著作中，分析和描述了工人阶级的住宅恶化状况，揭露和批判了资产阶级、小资产阶级解决工人住宅问题的种种主张及其剥削和改良主义实质。在此基础上，提出了解决资本主义社会工人住宅问题的根本方案，就是推翻资本主义剥削制度。"要消除这种住房短缺，只有一个方法：消灭统治阶级对劳动阶级的一切剥削和压迫。"②

马克思、恩格斯通过对资本主义社会工人住宅问题的政治经济学分析，批判了蒲鲁东主义解决住宅问题的方案不仅不能解决社会问题，连住宅问题本身都解决不了，这些"乌托邦"式的具体主张，没有找到资本主义工业化和城市化中住宅问题的根源，没有看到资本逐利的逻辑，不符合工人阶级的实际状况。马克思、恩格斯站在无产阶级立场上，从工人的实际需要出发，试图在工人的社会革命中实现包

---

① 臧峰宇：《恩格斯〈论住宅问题〉研究读本》，中央编译出版社 2014 年版，第9—10 页。

② 《马克思恩格斯文集》第 3 卷，人民出版社 2009 年版，第 250 页。

括住宅问题的社会问题的解决，提出工人运动是解决住宅问题的根本途径。解决住宅问题，是改善工人生活环境居住状况的需要，是工业化和城市化快速发展的需要，是提升无产阶级阶级地位的需要，既不能靠资产阶级的"永恒公平"法则和道德醒悟，也不能靠改良主义的"灵丹妙药"，只有无产阶级的阶级大联合，铲除资本主义生产方式，推翻资本主义私有制，通过政治革命，使无产阶级上升为统治阶级，成为社会的主人，建立公有制社会，才是根本解决之道。

（五）未来社会住宅问题的基本特征

恩格斯在 1847 年为《共产党宣言》写的初稿《共产主义原理》一书中，在谈到无产阶级革命的目的时指出，就是要建立民主的国家制度，建立无产阶级的政治统治。而在无产阶级革命和建立民主国家的过程中，必须从十二个方面着手推进，其中有两条是关于住宅问题的，即"（9）在国有土地上建筑大厦，作为公民公社的公共住宅。公民公社将从事工业生产和农业生产，将把城市和农村生活方式的优点结合起来，避免二者的片面性和缺点。（10）拆毁一切不合卫生条件的、建筑得很坏的住宅和市区"①。在《共产党宣言》中，马克思、恩格斯概括未来社会的特征，第一条就是剥夺地产，把地租用于国家支出。马克思主义住宅理论关于未来社会解决住宅问题的主张体现了三个特点：普惠性、公有性、综合性。

1. 普惠性

恩格斯提出要拆除一切不符合卫生条件，建筑质量差的住宅，就是要为无产阶级建设广泛拥有的、优质的住宅，让全社会最广大的人民享受应得的民生权利。彻底解决资本主义社会只有资本家阶级享受高级住宅，居于人口绝大多数的被剥削阶级住宅脏乱差的状况，体现现实的社会公平正义。

2. 公有性

马克思、恩格斯提出了解决住宅问题的前提是实行公有制，在公有制基础上建设公共住宅。无产阶级革命的目的就是要推翻资本主义私有制，建立公有制社会。资本主义私有制是资本主义社会住宅问题

---

① 《马克思恩格斯文集》第 1 卷，人民出版社 2009 年版，第 686 页。

不能根本解决的根源，马克思、恩格斯分析并抓住了这个根源，通过无产阶级革命解决这个根本问题，为未来社会解决住宅问题奠定了经济基础。只有在公有制基础上，上升为统治阶级的无产阶级才能在全社会集中社会财富，为广大人民建设优质的住宅，使人民充分享受住宅权利。

3. 综合性

从马克、思恩格斯的未来社会构想中我们看到，住宅问题不是一个单一问题，不能单独解决，必须综合解决。只有剥夺剥削者，从政治上、经济上解放被剥削阶级，通过实现公有制，建立国有银行、国有交通、公民教育等，才能在为广大人民解决民生问题的生产、社会实践中，解决好住宅问题，提升广大人民的主人翁地位和生活幸福感。

第三节　马克思主义住宅理论的特点

马克思、恩格斯生活在资本主义从自由竞争过渡到垄断的历史时期，以产业革命为核心推动的社会生产力大发展和资本主义社会矛盾的日益尖锐化，为马克思、恩格斯的研究提供了丰富的实践素材，加之马克思、恩格斯善于吸收人类历史文化璀璨的理论宝藏。马克思主义理论始终植根于资本主义的现实土壤，揭示人类社会发展的普遍规律。马克思主义住宅理论作为马克思主义理论宝库的一部分，也具有马克思主义理论的鲜明特点。

一　论战性

论战性是马克思主义理论的基本特征，马克思主义住宅理论也具有这一特征。马克思主义住宅理论是在批判资产阶级、小资产阶级、无政府主义、改良主义等各派别关于住宅问题的观点中阐发的。

恩格斯在《英国工人阶级状况》中，描述了英国工人凄惨的居住和健康状况，批判了英国资产阶级的代表艾利生郡长、沃恩博士（《大城市的时代》作者）、反谷物法同盟的中心人物安德鲁·尤尔博士等将工人贫病交加的原因归结为城市化，工人的高度集中、懒惰酗酒等原因的错误论调，揭露了资本主义制度的罪恶。

马克思主义住宅理论的论战性集中体现在恩格斯的《论住宅问题》中，恩格斯与德国蒲鲁东主义者米尔柏格的论战。米尔柏格在19世纪80年代和90年代初，发表了大量有关蒲鲁东的生活和著作的文章，宣传蒲鲁东主义的主张。1872年2、3月间，德国社会民主工党机关报《人民国家报》转载了米尔柏格发表在奥地利《人民意志报》上的《住宅问题 社会概略》一文，他针对当时资本主义社会住宅短缺的普遍现象，提出了一套小资产阶级的改良的主张，即蒲鲁东主义的改良方案；恩格斯看到这篇文章后非常气愤，决定反击，于同年6、7月在《人民国家报》上发表了《蒲鲁东怎样解决住宅问题》一文，批判了米尔柏格的蒲鲁东主义观点；针对恩格斯的批判，米尔柏格于1872年10月在《人民国家报》上发表了《住宅问题——答弗里德里希·恩格斯》一文，对恩格斯的批判进行了反驳；1872年12月至1873年1月，恩格斯发表第二篇文章《资产阶级怎样解决住宅问题》一文，批判了艾·扎克斯《劳动阶级的居住条件及其改良》等资产阶级慈善式解决方案；针对米尔柏格的辩驳，恩格斯于1873年2月又在《人民国家报》发表了第三篇文章《再论蒲鲁东和住宅问题》，对米尔柏格的反动说教再次进行了批驳。通过论战，恩格斯系统阐述了马克思主义住宅理论，澄清了蒲鲁东及蒲鲁东主义者在德国无产阶级中的影响。

二　公共性

马克思主义住宅理论改变了资产阶级、小资产阶级仅仅把住宅作为商品分析的论断，实现了研究视角的转换。

在资本主义社会，资产阶级政府、资本家主张建设工人住宅，一方面是适应城市化、工业化发展的需要；另一方面是资本家也从住宅建设中看到了新的"商机"，把工人住宅作为商品出售，让工人通过分期付款或者一次性购买，从中赚取剩余价值，增加了剥削工人阶级的新手段。改良主义者、小资产阶级提出"租赁住房"等主张，也是把工人住宅作为商品看待，让工人从工资中支付租金获得居住权。在资本家、小资产阶级、改良主义者的立场中，从来不会把为工人阶级解决住宅问题，提升工人阶级生活质量作为建设工人住宅的出发点，归根结底，就是不可能将工人住宅作为公共产品提供给工人，只能是作为商品出售增加一种剥削工人阶级的手段而已。

三　彻底性

马克思主义住宅理论对于资本主义社会住宅问题产生根源的分析，对解决资本主义住宅问题的根本方式等，都体现了彻底性。马克思、恩格斯认为资本主义住宅问题产生的直接根源是资本家阶级把建设工人住宅作为增加剥削的一种手段，只是建设条件简陋的集体宿舍等，不愿意多投入成本。终极根源是资本主义私有制，资本家掌握着生产资料的所有权。而要解决工人住宅短缺的问题，就必须解决终极根源，也就是推翻资本主义私有制，才能从根本上解决住宅问题。

第二章

马克思主义住宅理论的发展

马克思主义住宅理论形成于资本主义时代，主要体现了马克思、恩格斯对资本主义社会工人阶级住宅现状和本质的揭露和批判，但马克思、恩格斯对未来社会住宅问题的设想没能在实践中体现出来。马克思主义发展到列宁主义阶段，随着社会主义制度的建立，马克思主义住宅理论对未来的设计也逐步变为现实，随着苏联共产党人和中国共产党人的实践，马克思主义住宅理论得到进一步发展。本章介绍苏联和中国共产党对马克思主义住宅理论的发展，结合新时代中国特色社会主义的实际，分析马克思主义住宅理论的当代价值。

第一节　苏联共产党人论住宅

列宁领导俄国十月革命取得胜利，建立无产阶级政权后，解决住宅问题就成为苏维埃政府的重要任务之一。列宁和斯大林领导苏联社会主义建设时期，都非常重视解决住宅问题。

一　列宁论住宅

（一）解决住宅问题是无产阶级专政国家的重要任务

列宁在领导苏联社会主义建设中高度重视住宅问题，提出解决住宅问题是"在从资本主义到完全的共产主义的过渡阶段的任务之一"。列宁将解决住宅问题视为社会主义时期的重要任务，是向共产主义过渡的前提条件。后来将解决住宅问题写进了苏联共产党党章。"联共（布）党的任务就是，尽一切力量改善劳动人民的居住条件，消灭人口密集的现象，拆毁不卫生的旧街坊和不适于住居的住宅，改造旧住宅和建设合乎工人新的生活条件的新住宅，合理地分布劳动居民。"①

（二）重视住宅的合理分配和严格管理、维护

列宁强调，把属于全民的住宅租给单个家庭就既要征收租金，又要实行一定的监督，还要规定分配住宅的某种标准。这一切都要求有一定的国家形式，但不需要特殊的军事和官僚机构及其享有特权的官员。只有通过对现有住宅和旧住宅的严格养护，才能保证通过新建住宅逐步克服住宅困难局面，否则就会成为一句空话。分配住宅必须按照居住地点靠近工作地点的原则。联共（布）中央和最高苏维埃还强调，一切在公用住宅居住的居民必须交纳接近于房屋经营费的租金（房租一般不得超过工人和职员收入的百分之十），任何党和国家机关工作人员不得以职权之便随意非法侵占或多占住宅。② 列宁和苏维埃政府特别强调在解决住宅问题中反对官僚主义、以权谋私，严格规范党员干部的行为。

二　斯大林论住宅

1924 年 1 月 21 日，伟大的革命导师列宁不幸病逝，斯大林接替了苏联党和国家的领导职务。斯大林继承了列宁重视住宅问题的思想，主要体现在从实践上贯彻列宁加快住宅建设的主张，领导苏联党和国家大力推进住宅建设、加强住宅管理，取得了住宅建设的突出成就。

（一）重视住宅建造，满足工人阶级和其他劳动人民的住宅需求

在 1925 年 7 月联共（布）中央通过的《关于住宅合作社》的决

---

① 《联共（布）党章和党纲》，1930 年俄文版，第 143 页。
② 参见杨玉生《列宁斯大林时期关于住宅问题的理论与实践》，《辽宁大学学报》（哲学社会科学版）1981 年第 6 期。

议中强调，严重的房荒不但发生在那些巨大的城市，而且也涉及苏联的其他许多居民区。为了消除工人住宅缺乏的现象，必须在各大城市大力发展工人住宅的建设。在 1926 年 7 月召开的联共（布）中央委员会和中央监察委员会联席会议上作出的关于住宅建设的决议中指出，住宅问题在工人生活中已成为一个最迫切的问题，如果不正确解决这个问题，就不可能使工人的状况得到多大改善。此外愈来愈严重的房荒，妨碍着工业的进一步发展，因为它对吸收工人参加的生产工作来说是一个巨大的障碍，而且对劳动生产率的提高也发生着有害的影响。所以，在 1927 年讨论和编制第二个五年计划时，对于住宅建设、文化生活设施建设等规划了大量投资，相当于国民经济总投资的四分之一。

（二）制定一系列住宅建设的政策措施

在建国初期，由于新生的苏维埃国家基础薄弱、资金短缺，为了加快住宅建设，联共（布）中央和最高苏维埃实行了鼓励私人建设住宅和住宅建设合作社等政策。具体包括：设立工人住宅建设固定基金，由国家预算中拨款、企业利润提成、国家保险局中利润提成、房租折旧费中提成、偿还的住宅贷款中提成等构成；国家编制工业发展五年计划时，要考虑住宅建设远景规划，使住宅建设适应工农业的发展，要加强工人住宅建设，降低住宅建设成本，及时拨付住宅贷款，延长贷款期限降低贷款利息；委托"促进委员会"和其他调整住宅建筑的有关机构一起，采取各种措施制定经济适用的工人住宅类型，利用好地方的特点和建筑材料；职工会必须在工程质量、建筑类型、住宅与工人生活条件的适应性等方面加强监督；增建住宅层数，在城市基础很好的一、二层住宅建筑上，可适当增建层数；建造一些国有大厦充作将要从事工农业生产的公社公民的公寓，并将城乡生活的优点结合起来，克服其片面性和不足。

（三）重视改善科学技术人员的居住条件

联共（布）中央和最高苏维埃认为，科学技术人员就其工作性质来说，更需要有较好的居住条件，不改善他们的居住条件，就无从发展社会主义的科学技术，就无从繁荣社会主义的文化事业。斯大林和莫洛托夫签署文件，就建筑专门用于专家、学者和工程技术人员的住宅作了如下规定：为了迅速改善苏联各企业、学校、机关工作的专家、学者以及非党人员和党员干部的生活条件，兹规定从 1932 年春起，于两年内修建一百零二栋 11500 户大型住宅；这些住宅每户应有三个或四个居室，每一住户应有一个厨房、一个浴室及其他福利设备；这些住宅的修建费和其统一供应的材料均由苏维埃社会主义共和国的资源中拨出等。可见斯大林和苏维埃政府是非常重视改善科技人员的住宅生活条件的。

三　苏联共产党人住宅建设的成效

列宁、斯大林逐步建立了无产阶级政党的住宅理论，带领联共（布）中央和最高苏维埃政府制定一系列社会主义住宅建设政策，大力推进社会主义住宅建设，使苏联社会的住宅建设取得了巨大成就。很快扭转了住宅严重缺乏的困难局面，城市居民极大改善了居住等生活条件。据统计，到卫国战争开始前，全国城市住宅比革命前增加了一倍，城市住宅面积达到 26400 万平方米。其中一些原来经济文化落后的地区，住宅建设进步更加明显，1926—1940 年，哥萨克国有住宅增加了 4.5 倍、格鲁吉亚增加了 2 倍、吉尔吉兹增加了 5.5 倍、阿拉木图市增加了 159 倍。[1] 斯大林对此自豪地总结说：我国各大城市和各工业中心的面貌改变了，资产阶级国家各大城市不可避免的标志就是贫民窟，即城郊的所谓工人住宅区。……在苏联，实行革命的结果，这些贫民窟已经绝迹了。它们已经被新建的很好的光线充足的工人住宅区代替了，并且这些工人住宅区往往比市中心还漂亮。这是列宁、斯大林和苏联人民共同奋斗的成果。

第二次世界大战中德国法西斯入侵苏联，给苏联城市和住宅造成了极大破坏，600 多万所房屋被毁，战后苏联人民迅速重建家园，到 1949 年底，各大城市修复了整个住宅面积的 90%，修建住宅面积达

---

① 参见杨玉生《列宁斯大林时期关于住宅问题的理论与实践》，《辽宁大学学报》（哲学社会科学版）1981 年第 6 期。

5800 万平方米以上。斯大林亲自参加了 1951—1955 年的第五个国民经济五年计划制订，确定了一个大规模的国家建设住宅计划，比上一个五年计划的住宅建设投资增加一倍，新建住宅总面积 10500 万平方米。住宅建设质量也有了很大提高，建成的都是现代化住宅，新建住宅都配有暖气炉、自来水、下水道、热力、煤气、电灯、高层住宅电梯等，住宅小区兴建了电影院、商店、药房、理发店、邮政分局、幼儿园、洗衣房、家用维修店等服务设施，提高了工人阶级和其他劳动人民的住宅质量和生活品质，斯大林说，人民群众有享受这些幸福的权利，我们则负有保证他们这些条件的义务。

列宁、斯大林的住宅思想是对马克思、恩格斯住宅理论的继承和发展，是马克思主义住宅理论在社会主义国家的第一次成功实践。在马克思、恩格斯揭示资本主义社会无产阶级住宅问题的根源、实质、解决途径以及未来社会住宅问题的基本特征的基础上，列宁对社会主义住宅问题的地位、意义、解决路径、住宅分配管理等方面做了深刻阐述。斯大林在解决苏联社会主义住宅问题的实践中作出了重要探索，取得了巨大成就，带领联共（布）中央和最高苏维埃政府制定住宅建设规划、激励住宅建设的系列政策指令、住宅管理维护的系列举措，从实践上成功解决了资本主义社会不可能解决的无产阶级住宅问题，满足了苏联人民不断增长的住宅需求，提高了苏联人民的生活水平。列宁、斯大林的住宅思想是对马克思主义住宅理论的深化与发展，是马克思主义住宅理论的苏联化，也为社会主义国家解决住宅问题提供了理论指导和实践范例。

第二节　中国共产党人论住宅

马克思主义住宅理论在中国的发展，是中国共产党在建立中华人民共和国之后，于不断实践探索中形成的，是马克思主义中国化的重要理论和实践成果。

一　新中国成立初期中国共产党人的住宅理论

1949 年 10 月新中国刚成立时，百废待兴。城镇住房奇缺，毛泽东率领中国共产党人采取了没收帝国主义在华资产、没收官僚资本主义资产包括住宅的政策，将这些住宅收归人民政府所有，分配给人民居住，解决了少部分城镇住房问题，但远远满足不了当时的需求，更重要的是要靠人民政府新建住宅满足人民的住房需求。

毛泽东同志在 1951 年审批北京市工作报告时指出："北京市委所提组织公私合营的房产公司，修建房屋解决房荒的计划，各大城市凡严重缺乏房屋者均可仿行。现在大城市房屋缺乏，已引起人民很大不满，必须有计划地建筑新房，修理旧房，满足人民的需要。"①

在 1954 年举行的第一届全国人民代表大会的第一份政府工作报告中，周恩来总理指出："我们的一切工作都是为了人民的。我们的经济工作和财政工作直接地或者间接地都是为着人民的物质生活和文化生活的改善。……在我们的国家里，经济建设的发展和人民生活的改善不能不是互相一致的，因为社会主义经济的唯一目的，就在于满足人民的物质和文化的需要，而为了充分满足人民的物质和文化的需要，又必须不断发展社会主义经济。"②

分析以上论述，我们可以梳理出，以毛泽东同志为核心的第一代中国共产党人的住宅观，对住宅建设的性质、目的、政策措施做了系统阐述。

（一）建设住宅是满足人民的需要

发展社会主义经济的根本目的就是满足人民的物质和文化生活需要，这是由中国共产党的性质和由其领导的中华人民共和国的国体决定的。住有所居，是人民的基本生活需求，中国共产党领导人民取得了新民主主义革命的胜利，实现了政治上的当家作主。进而就要通过发展社会主义经济，解决人民物质和精神生活中的问题，重视住宅建设，通过大量新建和维修住宅，改善人民的生活需求，成为中国共产

---

① 《毛泽东文集》第 6 卷，人民出版社 1999 年版，第 148 页。

② 周恩来：《政府工作报告》，《人民日报》1954 年 9 月 24 日第 1—2 版。

党领导的人民政权的重要目标。

（二）住宅短缺是当时最突出的问题

毛泽东同志在关于住宅问题的批示中，明确地认识到了城市"房荒"问题，并且认为这已造成了人民的不满。城市"房荒"是由长期的战乱造成的，但毛泽东同志认为这是人民政府必须解决的。"逐步改善人民的物质生活和文化生活，是我们的经常性质和根本性质的任务。"[①] 新中国成立初期，我国城市人口 6169 万人，城市住房面积为 4 亿平方米，人均住房面积为 5.5 平方米。[②]

按照毛泽东同志的指示，解决城市"房荒"问题，要新建住房、维修旧房。1953 年国家为职工新建宿舍 1200 万平方公尺，1954 年新建 4600 万平方公尺，"'一五'计划（1953—1957）五年内，包括工厂厂房、工人职员宿舍、学校、医院等在内的房屋建筑面积，约有一亿五千万平方公尺"[③]。通过大力新建住房，统筹分配旧房，缓解了城市住房短缺问题，满足了人民的需要，为巩固新生的人民政权和恢复人民生活发挥了重要作用。

（三）解决住宅问题要实事求是

实事求是是马克思主义的基本原则，毛泽东思想活的灵魂。毛泽东同志在解决住宅问题时，依据当时的国情，采取了循序渐进的策略。

1. 明确目标与分阶段实施，土地、城市住房公有化是目标

1949 年 8 月 12 日《人民日报》明确提出："应当把所有城市房屋看作社会的财产，加以适当的监护，这样才能使城市房屋日渐增多，人民的居住不发生困难，给将来社会主义的房屋公共所有权制度创造有利条件。"实施过程中又采取了承认城市住房私人所有、公私合营、住房社会主义改造、住房福利制度等不同发展阶段。

---

① 周恩来：《政府工作报告》，《人民日报》1954 年 9 月 24 日第 1—2 版。

② 侯淅珉、应红、张亚平：《为有广厦千万间——中国城镇住房制度的重大突破》，广西师范大学出版社 2012 年版。

③ 周恩来：《政府工作报告》，《人民日报》1955 年 7 月 8 日。

2. 新建住宅与没收旧房相结合

新中国成立初期，城市住房十分紧缺，人民政府没收了帝国主义在华的房产、官僚资本家、汉奸、战犯、反革命分子的房产充公，承认了城市居民私人所有的住房的私有属性。但是现有住房短缺，随着城市人口从 1949 年的 5765 万人增长到 1953 年的 7826 万人，住房短缺更严重，人民政府又大力新建住宅。在新建住宅的决策中，毛泽东同志认可并推广了北京市委建立公私合营房产公司的做法，就是政府与民族资本家合资成立房产公司新建住宅，以缓解政府资金投入不足的困难。

3. 城市住房社会主义改造与住房公有化相衔接

1952 年我国开始了对资本主义工商业、手工业和农业的社会主义改造运动。1956 年 1 月 18 日，中共中央发布《关于目前城市私有房产基本情况及进行社会主义改造的意见》，私有住房的社会主义改造正式开始，采用了对资本主义工商业和平赎买的方式，政府用一定的资金购买私人房产和公私合营房产公司中的私人股份，将以收取出租房产租金为生的房东、二房东、房产资本家改造成为自食其力的社会主义劳动者，到 1958 年底，城市中私房已经基本不存在了，1964 年 7 月，中国政府正式宣布城市私有住房租赁制不存在了，住房公有化改造是我国社会主义性质的必然要求。[1] 随后，我国城市的住房制度，在公有制的基础上，逐步发展为住房福利制度，城市住宅成为公共产品。城市居民归属于一个社会单位，由社会单位负责建房分配给本单位职工居住，形成了"单位办社会"的局面，职工缴纳占薪金较低比例的租金，职工对住房有使用权没有所有权，这就是我国计划经济体制下的住房福利制度。

我国农村的住宅制度，在农业合作化的社会主义改造的基础上，形成了农村集体所有制，20 世纪 50 年代，城乡分治的管理体制确立后，农民就按照"一户一宅"，自建住宅的方式生活。

---

[1] 陈杰、郭晓欣：《中国城镇住宅制度 70 年变迁：回顾与展望》，《中国经济报告》2019 年第 4 期。

二 改革开放后中国共产党人的住宅理论

以毛泽东同志为核心的第一代中国共产党人，在新中国成立后，进行了社会主义改造，建立了社会主义计划经济体制，国家的中心任务是实现社会主义工业化，因此，国家把政策和资金的重点投向了重工业，一定程度上忽视了城市住宅建设和人民生活的改善。虽然也投入了大量资金，兴建了大量住宅，变革了城市住宅管理制度，但仍然不能满足城市人口增长和人民对改善居住生活的需求，城市人口与住房需求矛盾巨大。改革开放前夕，全国 190 个城市人均居住面积仅3.6 平方米（人均建筑面积 6.7 平方米），还不及新中国成立初的人均 5.5 平方米，缺房户达 869 万户，占当时城市总户数的 47.5%。①新建住房的质量也比较差，20 世纪 70 年代城市住宅的突出矛盾，迫切要求党和国家改革城市住宅建设的体制机制。

邓小平同志是我国改革开放的总设计师，在 1978 年党的十一届三中全会确定改革开放的基本国策以后，邓小平同志作为第二代党的领导核心，带领中国共产党人开启了改革开放新的征程，具体谋划了各领域的改革大计，从 1980 年起，就开始谋划我国建筑行业和城乡住宅制度的改革。邓小平同志在实地考察大庆、鞍山、唐山、北京、天津等地群众住房情况，出访马来西亚、新加坡，考察当地住房情况的基础上，于 1980 年 4 月 2 日就我国建筑行业和住宅制度改革发表了重要讲话。②1984 年 5 月 15 日，《人民日报》公开发表了讲话内容，当天开幕的六届人大二次会议的政府工作报告，把改革建筑业和基本建设管理体制作为重要内容进行了全面阐述，受到了大会高度评价。通过分析邓小平同志的讲话内容，比较系统地梳理了邓小平同志的住宅观。

（一）建筑业是国民经济的支柱产业之一

邓小平同志认为，建筑业是国民经济的支柱产业之一，发展建筑业，是为了更好地满足城乡人民的需要。他认为，从多数资本主义国

---

① 于思远：《房地产住房改革运作全书》，中国建材工业出版社 1998 年版。

② 杨慎：《邓小平关于建筑业和住宅问题的谈话》，《中国发展观察》2010 年第 5 期。

家来看，建筑业是经济的三大支柱之一，它不仅是生产消费资料的部门，也是发展生产、增加收入的重要产业部门。以前我们不太重视建筑业的发展，为了尽快建立社会主义的工业体系，重心放在了重工业发展上，单纯把建筑业看作消费资料部门，过于强调生产决定消费，忽略了消费对生产的拉动作用。这是观念的制约，也是计划经济体制发展的必然结果。

邓小平同志要求我们更新观念，在长期规划中，必须把建筑业放在重要位置。他指出："建筑业发展起来，就可以解决大量人口的就业问题，就可以多盖房，更好地满足城乡人民的需要，随着建筑业的发展，也就带动了建材工业的发展。"[①] 邓小平同志将建筑业放到了国民经济发展的重要位置，对发展建筑业的目的也从解决社会基本矛盾高度做了阐释，这就为我国建筑业的改革、房地产行业的改革发展指明了方向。

（二）住宅制度改革的方向是社会主义市场经济

在谋划建筑业改革总体规划的基础上，邓小平同志又设计了住房制度改革的方向和重大举措。

首先，明确了住房制度改革的方向，在计划经济时代，我国实行的是城镇住房福利制度，住房作为城镇职工福利，由单位建设、单位按照一定标准分配。1978 年党的十一届三中全会后，我国进入了改革开放新时期，在经济领域引入了商品经济，开始了市场化改革。在当时虽然还没有明确提出建立社会主义市场经济的经济体制改革目标，但在邓小平同志的头脑中，已明确了从计划经济逐步转向商品经济，开启市场化改革的思路，正在谋划着如何在国家的生产和人民的生活领域逐步实施。所以，邓小平同志明确指出："要考虑城市建筑住宅、分配房屋的一系列政策。城镇居民个人可以购买房屋，也可以自己盖。不但新房子可以出售，老房子也可以出售。可以一次付款，也可以分期付款，十年、十五年付清。"[②] 城镇住房可以买卖，这是住房制度改革的一个重大变化，意味着住房是商品，只有商品才可以买卖，

---

① 邓小平：《关于建筑业和住宅问题的谈话》，《人民日报》1984 年 5 月 15 日。
② 邓小平：《关于建筑业和住宅问题的谈话》，《人民日报》1984 年 5 月 15 日。

这是对住房定性的重大转变，从公共产品转化为商品，对住房的重新定性，这是住房制度改革的开端。

其次，明确了住房制度市场化改革的一系列政策。邓小平同志在明确了住房制度改革的方向后，进一步指出了住房制度市场化改革的一系列政策措施。要求按照商品经济的一般规律制定住房制度改革的一系列政策措施，邓小平同志指出："住宅出售以后，房租恐怕要调整。要联系房价调整房租，使人们考虑到买房合算。因此要研究逐步提高房租。房租太低，人们就不买房子了。繁华的市中心和偏僻地方的房子，交通方便地区和不方便地区的房子，城区和郊区的房子，租金应该有所不同。将来房租提高了，对低工资的职工要给予补贴。这些政策要联系起来考虑。建房还可以鼓励公私合营或民建公助，也可以私人自己想办法。"① 邓小平同志这一指示中，包含了住房价格、房租、住房补贴、鼓励建房等一系列政策措施。住房价格政策，要按照商品经济、价值规律，依据住宅本身和其地理位置等环境因素确定。房租政策，房租价格要与住宅价格相适应，要按照市场原则确定，改变过去极低的房租价格。住房补贴政策，将来住宅价格和租金提高了，要给低工资收入群体发放住房补贴，满足这部分人的基本住房需求，这是社会主义制度下的住房保障措施，体现中国共产党执政的目的是维护人民群众的利益、满足人民群众的生活需求。鼓励建房政策，就是住房建设的主体多元化，可以是国家、集体建房，也可以吸引民间资本，采用公私合营或民建公助形式，鼓励多元主体投资，加快住宅建设。

在邓小平同志关于住房制度改革的讲话中，明确了住房制度改革的方向就是市场化，具体的政策设计体现了系统化、多元化。

（三）农村住宅制度改革的基本要求是集约化

邓小平同志对我国农村的住宅建设，从住宅设计、住宅形式到住宅制度改革目的等方面，都提出了明确要求。邓小平同志指出："农村盖房要有新设计，不要老是小四合院，要发展楼房。平房改楼房，能节约耕地。盖什么样的楼房，要适合不同地区、不同居民的需要。"

① 邓小平：《关于建筑业和住宅问题的谈话》，《人民日报》1984年5月15日。

邓小平同志对农村住宅建设的要求，概括起来就是实事求是和集约化。在建筑设计上要多样化，符合不同地区农民的住宅要求、不同民族的住房生活习惯，不能强求都设计成四合院。在我国北方，农民习惯建四合院；在我国南方，农民习惯居住开敞源的房子，便于晾晒谷物和夏天纳凉，不同的民族也有自己民族的居住习惯，少数民族的住宅还融入了自己民族的特色文化，所以，设计农民住宅要实事求是、因地而异、因民族而异。

对农村住宅形式的要求，邓小平同志强调要发展楼房，这是我国农村住宅建设的方向。以前的农村住宅，一般都是平房、土木结构，对于人口众多、耕地不足的我国来说，是一个很大的矛盾。要从长远、战略出发，解决我国人均耕地少的问题，在农村住宅建设改革中就要走集约化道路，通过平房改楼房，建二层或多层住宅，节省宅基地，节约和扩大耕地面积，有利于解决我国粮食安全问题，具有重要的战略意义。本书将在后文中详细论述，邓小平同志关于农村住宅建设的指示，具有重要的指导意义。

三 新时期中国共产党人的住宅理论

从 1978—2012 年，我国城市住宅制度历经 30 多年的改革，成为中国特色社会主义市场经济的重要组成部分。由于计划经济时期住房严重短缺，加之我国人口众多，住宅刚需和改善性需求叠加，面向市场化的建筑业改革，作为国民经济支柱产业的支持效应，为城市房地产业的发展注入了强大动力。城市房地产业 30 多年的改革发展，老房子由租转售，新房子如雨后春笋般拔地而起，为城市老百姓解了安居之困，民营、国营、外资、个体等各路资本蜂拥进入房地产，个个赚得盆满钵满。城市住宅刚性需求、改善性需求、投资性需求旺盛不辍，共推房价节节攀升，特别是 2009 年金融危机，外贸受损导致大量资本涌入房地产市场，房价攀高使不少老百姓沦为"房奴"。房地产市场一片乱象，迫使党和政府反思房地产改革得失。

2012 年党的十八大胜利召开，以习近平同志为核心的党中央开始全面审视 30 多年城市房地产业的改革。2013 年 10 月 29 日，十八届中央政治局就加快推进住房保障体系和供应体系建设举行第十次集体学习，这是党的最高领导层第一次举办有关房地产业的专题学习讨论，足见以习近平同志为核心的党中央对房地产业深化改革发展的高度重视。习近平总书记发表了重要讲话，提出了一系列房地产业改革发展的战略举措，包括房地产业的定位、住房产品的属性、房地产市场治理等。

（一）住有所居

实现全体人民住有所居，满足人民群众住房需求，是中国特色社会主义建设的目标，是党和政府的重要任务。2012 年 11 月 15 日，党的十八届一中全会后，习近平总书记率新当选的中央政治局常委第一次与中外记者见面时说："我们的人民热爱生活，期盼有更好的教育，更稳定的工作，更满意的收入，更可靠的社会保障，更高水平的医疗卫生服务，更舒适的居住条件，更优美的环境……人民对美好生活的向往，就是我们的奋斗目标。"① 以习近平同志为核心的党中央一登上政治舞台，就宣示了人民至上的执政理念。紧接着党中央就专题学习研究了住宅问题，习近平总书记在 2013 年 10 月 29 日十八届中央政治局集体学习时的讲话中强调："住房问题既是民生问题也是发展问题，关系千家万户切身利益，关系人民安居乐业，关系经济社会发展全局，关系社会和谐稳定。党和国家历来高度重视群众住房问题。"② 住房问题，对于人民群众来说，是最关心、最直接、最现实的利益问题，是最大的民生。对于国家来说，又是发展问题，建筑业是国民经济的支柱产业之一，关乎经济发展，关乎改革成果与人民共享。

习近平总书记指出，当前住房建设的主要问题是，住房困难家庭的基本需求没有根本解决、保障性住房总体不足、住房资源配置不合理不平衡。造成这些问题的根本原因，主要是住房改革的制度设计存在偏差，完全市场化、商品化；面对人口众多的住房刚性需求，政府改革措施不到位；住房市场的管理治理不规范；等等。习近平总书记要求党和政府下更大决心、花更大气力解决好住房发展中存在的各种

---

① 《习近平谈治国理政》，外文出版社 2014 年版，第 4 页。
② 《习近平谈治国理政》，外文出版社 2014 年版，第 192 页。

问题，而解决问题的根本之道是建设住房保障体系和供应体系，要求把住房保障体系和供应体系建设办成经得起实践、人民、历史检验的德政工程。

（二）房住不炒

针对当时我国房地产业改革发展的实际，总结前期改革的经验教训，以习近平同志为核心的党中央自党的十八大以来，进一步深化住房制度改革，不断完善住房制度顶层设计，制定了一系列新的住房建设管理方针政策。

1. 明确提出"房住不炒"的定位

这个定位是对前期片面强调住房制度商品化改革方向的修正。住房是居住功能定位和商品属性的统一，从目的来看，住房是消费品，是满足人民的居住需求的，特别是其中的保障性住房，更是政府为主提供的消费品；另外从手段来看，住房是商品，要通过商品交换，最终实现满足人民不同层次居住需求的目的，住房的价格既通过市场确定，但又不完全由市场决定，作为最重要的民生产品，政府应该适当介入调控住房商品的定价，防止其畸形走高。

2. 建立市场配置和政府保障相结合的住房制度

党的十八大提出，建立市场配置和政府保障相结合的住房制度，加强保障性住房建设和管理，满足困难家庭基本需求。保障性住房是政府为中低收入住房困难家庭提供的，限定标准，限定价格或租金，具有社会保障性质的住房，包括两限商品房、廉租房、经济适用房和政策性租赁房等类型。在2013年10月十八届中央政治局第十次集体学习会上，习近平总书记部署了加快推进住房保障和供应体系建设。

第一，要处理好四个关系。"要处理好政府提供公共服务和市场化的关系、住房发展的经济功能和社会功能的关系、需要和可能的关系、住房保障和防止福利陷阱的关系。"[1] 只有坚持市场化改革方向，才能充分激发市场活力，满足人民群众多层次住房需求，同时又要兼顾弱势群体的住房需求，由政府补好位，为困难群众提供基本住房保障，体现社会主义制度的优越性。

①《习近平谈治国理政》，外文出版社2014年版，第193页。

第二，住房改革总的方向是构建以政府为主提供基本保障、以市场为主满足多层次需求的住房供应体系。习近平总书记指出，要深入研究住房建设的规律性问题，加强顶层设计，加快建立统一、规范、成熟、稳定的住房供应体系。要千方百计增加住房供应，同时要把调节人民群众住房需求放在重要位置，建立健全经济、适用、环保、节约资源、安全的住房标准体系，倡导符合国情的住房消费模式。

第三，完善住房支持政策。习近平总书记指出，要完善土地政策，坚持民生优先，科学编制土地供应计划，增加住房用地供应总量，优先安排保障性住房用地。要完善财政政策，适当加大财政性资金对保障性住房建设投入力度。要综合运用政策措施，吸引企业和其他机构参与公共租赁住房建设和运营。要积极探索建立非营利机构参与保障性住房建设和运营管理的体制机制，形成各方面共同参与的局面。保障性住房建设是一件利国利民的大好事，要加强管理，在准入、使用、退出等方面建立规范机制，实现公共资源公平善用。要坚持公平分配，使该保障的群众真正受益。要对非法占有保障性住房行为进行有效治理，从制度上堵塞漏洞、加以防范。

党的十八大以来，不断深化住房制度改革的理论与实践，取得了显著成就。2017年党的十九大总结了深化住房制度改革发展的成就与经验，进一步完善了我国的住房制度，提出了建立多主体供给、多渠道保障、租购并举的住房制度。① 这一新的表述，强调了多主体参与，发挥多渠道的保障功能，补充了住房租赁建设，这一制度导向，更有利于实现全体人民住有所居。

（三）安居乐业

安居乐业，是以习近平同志为核心的党中央"以人民为中心"执政理念的集中体现。为了实现人民安居乐业的"安居"目标，党和国家重新设计和完善了住房制度改革路线图，出台了一系列方针政策。

---

① 习近平：《决胜全面建成小康社会　夺取新时代中国特色社会主义伟大胜利——在中国共产党第十九次全国代表大会上的报告》，人民出版社2017年版，第47页。

1. 大力加强保障房建设

习近平总书记强调:"'十二五'规划提出,建设城镇保障性住房和棚户区改造住房 3600 万套(户),到 2015 年全国保障性住房覆盖面达到 20% 左右,这是政府对人民作出的承诺,要全力完成。"① 在"十一五"国家解决了 1500 万中低收入家庭住房困难的基础上,在"十二五"期间国家加大了保障性住房建设力度,2011 年建设 1000 万套,2012 年建设 722 万套,2013 年建设 666 万套,2014 年建设 720 万套,2015 年建设 783 万套,共计 3890 多万套②,超过原计划的 3600 万套建设目标。

"十三五"期间保障房建设重点转向城市棚户区改造和农村危房改造。2015 年 6 月,国务院发布《关于进一步做好城镇棚户区和城乡危房改造及配套基础设施建设有关工作的意见》(国发〔2015〕37 号),各地落实国务院部署,大力推进城镇棚户区改造工作,计划"十三五"期间完成城镇棚户区改造 2000 万套,在实际工作中,2016 年开工 606 万套,2017 年开工 609 万套,2018 年开工 626 万套,2019 年开工 316 万套,四年实际完成 2157 万套③,提前完成了"十三五"计划目标。从 2008 年国家启动农村危房改造工作,到 2016 年,八年完成 2300 万户,到 2020 年,结合精准扶贫工作收官,完成 200 万户建档立卡贫困户的危房改造,全国农民住上安全住房。经过"十二五""十三五"十年的保障房建设,城乡住宅建设取得巨大成就,为人民过上安居生活奠定了坚实基础。

2. 规范房地产市场

怎样落实"房住不炒"的定位,需要政策措施落地落小,规范房地产市场,促进房地产市场的稳定健康发展。清理整顿房地产投资市场,国资委按照中央要求清理中央企业中非房地产主业企业逐步退出房地产市场,2010 年国资委介绍中央企业中有 16 家房地产主业企业,另外还有 78 家非房地产主业企业经营房地产,按照中央要求要逐步

① 《习近平谈治国理政》,外文出版社 2014 年版,第 193 页。
② 数据来源于城乡建设部公布的数据信息。
③ 数据来源于城乡建设部公布的数据信息。

退出。地方国有企业和集体企业也逐步减少经营房地产,据《中国统计年鉴》2019 年统计,房地产企业中国有企业数量,2015 年 1329家、2016 年 1093 家、2017 年 943 家、2018 年 790 家;房地产企业中集体企业数量,2015 年 409 家、2016 年 364 家、2017 年 319 家、2018 年 282 家①,国企和集体企业投资房地产业的企业数量呈逐年递减之势。根据党中央和中央军委主席习近平的要求,2018 年 6 月,中共中央办公厅、国务院办公厅、中央军委办公厅印发《关于深入推进军队全面停止有偿服务工作的指导意见》,全面停止军队的有偿服务工作,包括军队退出房地产业。2020 年 1 月国资委发布《关于中央企业加强参股管理有关事项的通知》,要求中央企业进一步聚焦主业经营。这一系列政策措施,逐步规范了房地产投资市场。同时,党中央于 2018 年开展了打击房地产市场乱象的专项行动,整顿房地产市场秩序,进一步规范了民营和外资房地产企业的市场行为,为实现人民的安居目标提供了良好的房地产市场环境。

3. 房地产业去库存

2015 年 11 月 10 日,中央财经领导小组组长习近平主持召开中央财经领导小组第十一次会议,研究经济结构性改革和城市工作。习近平强调,要牢固树立和贯彻落实创新、协调、绿色、开放、共享的发展理念,化解房地产库存,促进房地产业持续发展。经过 2008 年以来的大规模房地产投资、市场开发,房地产市场出现严重的两极分化现象,一线城市房价高涨、住房供不应求,二、三、四线城市住房供过于求、房价下跌,出现大量商品房积压库存。据统计,我国商品房空置率 2008 年 25%、2012 年 30%、2013 年 37%、2014 年 41%、2015 年达到 46%。为了解决经济结构这个难题,以习近平同志为核心的党中央作出了实施供给侧结构性改革的重大战略,从 2016 年起,重点实施去产能、去库存、去杠杆、降成本、补短板的"三去一降一补"政策,其中的去库存主要就是去房产库存。中央通过推进新型城镇化建设,为农民工提供住房;将部分库存商品房转为保障房,向企业减费降价销售;加大棚户区改造货币化安置,促进库存商品房销

---

① 数据来源于国家统计局,《中国统计年鉴 (2019 年)》。

售；控制房价上涨、优化金融等政策支持措施等，逐步完成了房地产业去库存任务。

以习近平同志为核心的党中央通过加大保障房建设，更好地满足了城市中低收入群体的住房需求；通过农村危房改造和去库存等政策措施，满足了农村贫困人口和农民工改善住房的愿望；通过规范房地产市场秩序，优化房地产市场环境，为解决人民群众改善性住房需求提供了政策保障。这体现了以人民为中心的发展思想，逐步实现了人民群众安居乐业的美好生活愿望。

以毛泽东、邓小平、习近平等为代表的中国共产党人的住宅理论，是马克思主义住宅理论与中国社会主义实践相结合的重要理论成果，是马克思主义中国化的理论结晶，指导我国房地产业发展，满足广大人民群众的住房需求，取得了举世瞩目的成就！

第三节 马克思主义住宅理论的当代价值

在马克思主义住宅理论指导下，中国共产党借鉴国外先进经验，结合新中国成立 70 年来波澜壮阔的发展实践，探索符合中国实际的住宅建设之路，走过了不平凡的 70 年，特别是城市住宅建设，取得了举世瞩目的成就。我们在此回顾 70 年的城市住宅建设之路，站在新时代的起点上，进一步探索马克思主义住宅理论对新时代中国住宅建设的指导价值，为中国特色社会主义强起来、人民群众富裕生活铸就安居之源。

一 我国城市住宅建设 70 年回顾

70 年的城市住宅建设历程，按照住宅的社会属性和改革发展方向，可以划分为四个阶段，即住房私有化阶段、住房福利化阶段、住房市场化阶段、住房制度长效化阶段。

（一）住房私有化阶段（1949—1958 年）

1949 年新中国成立前，由于政治腐败，长期战乱，民生凋敝，经济和社会发展出现巨大危机，新中国成立初期，出现了严重的住房短缺，城市人均住房面积只有 5.5 平方米。以武汉市为例，汉口小董家二巷的一栋两层楼房，全部使用面积 88 平方米，住 19 户 49 人，平均每人使用面积仅 1.08 平方米；百子巷五十七号一栋木板平房，全部使用面积 21 平方米，住 2 户 14 人，平均每人使用面积 1.47 平方米；生成北里一栋棚屋，面积不足 6 平方米，住 1 户 5 人，平均每人占用 1.2 平方米。[①] 仅存的住房中，还有部分房子简陋、质量差，得不到及时维修。1949 年，在上海市市区 82.4 平方公里范围内，住宅面积为 2359.4 万平方米，其中简屋、棚户 322.8 万平方米，占 13.68%。[②]

　　针对当时住房短缺的现实，党和国家为了尽快稳定社会和经济状况，对当时普遍存在的住房私有制采取了保留的政策，容许其继续存在和发挥作用。当时的城市居民、工商业者一般都是私有住房，房子多的还鼓励其出租，收取一定的租金，缓解当时的住房紧缺状况。只有帝国主义侵略者、官僚资本家、汉奸、反革命分子等的房产，才由新政府统一没收充公，分配给无房的人民群众。1952 年，新中国的政治经济形势逐渐稳定后，我国开始了面向社会主义公有制的农业、手工业、资本主义工商业三大改造，其中也涉及对城市私有住房的改造，这是马克思主义住宅理论、消灭住房私有制、走向社会主义公有制的必然要求。1956 年 1 月 18 日，中共中央批转中央书记处第二办公室 1955 年 12 月 16 日提出的《关于目前城市私有房产基本情况及进行社会主义改造的意见》，"标志着私有住房的社会主义改造在国家政策中被正式提出，该《意见》中要求对城市房屋占有者用类似赎买的办法逐步改变其所有制，同时要求教育和改造以房租为全部或主要生活来源的房东及二房东，使其成为自食其力的劳动者。经过两年的住房社会主义改造，到 1958 年年底，城市中私房已经基本不存在了"[③]，标志着我国城市住房私有化基本结束。

---

　　①　数据来源：《武汉市住房的基本情况》(1952)。

　　②　《上海住宅建设志》，上海社会科学院出版社 1998 年版。

　　③　陈杰、郭晓欣：《中国城镇住房制度 70 年变迁：回顾与展望》，《中国经济报告》2019 年第 4 期。

（二）住房福利化阶段（1959—1997 年）

国家逐步实现住房公有化后，城市住房由国家专门的建筑公司负责建造，解决了住房谁建的问题，但住公有住房是否收取租金、收多少租金这个问题，在社会主义改造过程中逐渐提出来了，1952 年 5 月，内务部地政司发布《关于加强城市公有房地产管理的意见》，明确提出了"以租养房"的方针和合理的租金标准。1955 年政府对国家机关工作人员由供给制改为薪金制，考虑到国家机关工作人员的承受能力，对他们承租的公有住房采取了低租金制，以后租金占收入的比重逐年下降，"以房养租"的观念和政策逐渐淡化而后被否定，住房福利化的观念逐渐确立，住房福利化制度的实施是一个过程，在此，笔者把 1958 年城市住房公有化改造完成作为住房私有化阶段的截止时间，1959 年作为住房福利化的起点时间。住房福利化阶段的租金水平，据有关研究测算，1963 年全国公房每平方米月租金仅 0.1 元，职工的房租大约只占薪金收入的 2%—3%。[①]

我国的城市住房福利化制度有一个特点，是在"单位办社会"的背景下实行的，每一个实体单位就是一个小社会，住房、教育、医疗、养老都由单位提供。单位负责投资为职工建房，然后按照级别、工龄、家庭人口等因素排队分房，作为一种福利提供给职工。由于计划经济体制下，国家将大部分资金投入生产，强调发展重工业和巩固国防，投入住房建设的资金相对不足，1965 年中央工作会议通过了《关于第三个五年计划安排情况的汇报提纲》，提出应该以战争准备为先，集中主要的资金发展国防，这样住房投资逐年下降，1970 年达到新中国成立以来的最低点 2.6%。[②] 加之我国人口增长过快，"单位办社会"的负担沉重，住房的供给严重不足，大多数职工都是工作几十年，有的到离退休前才能分到一套住房，人口多的家庭住房十分拥挤。

城市住房建设进展缓慢，深受体制影响，住房建设投资又非市场

---

① 李斌：《分化的住房政策》，社会科学文献出版社 2009 年版。

② 陈杰、郭晓欣：《中国城镇住房制度 70 年变迁：回顾与展望》，《中国经济报告》2019 年第 4 期。

行为，光投入没有回报，导致住房建设融资机制严重扭曲（见图2-1），人民的住房状况没有得到改善。到改革开放前夕，全国城镇缺房户达869万户，人均居住面积仅3.6平方米，低于新中国成立初期的水平。住房问题已经严重影响人民群众的生活和工作，迫切需要改革城市住房投资体制和管理体制。

1978年党的十一届三中全会召开，中国迈入了改革开放时代，党和国家启动了经济体制和管理体制改革，城市房地产事业也迎来了改革的春天，1980年4月2日邓小平同志就建筑业和城市住房制度改革发表重要谈话后，城市住房制度改革有了基本遵循，开启了改革探索历程。

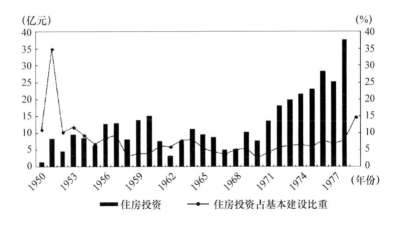

图2-1   改革开放前中国住房投资及占基本建设比重（1950—1978年）

资料来源：基建与住房投资原始数据来自朱亚鹏著《住房制度改革：政策创新与住房公平》，中山大学出版社2007年版，第48页。

我国城市住房制度改革是伴随着我国社会主义市场经济体制的建立过程不断完善的，是城市住房制度逐步市场化的过程，这一过程也是遵循着计划经济为主，不断扩大市场化改革的进程。大致可分为两个阶段。

一是城市住房福利制度改革起步阶段（1978—1987年），在邓小平同志关于住房制度改革精神指导下，1979年，先由西安、柳州、梧州、南宁四个城市试点，由政府出资建房，以建筑成本价格向居民出售住房，开始探索住房商品化之路。1979 年 10 月 15 日，中国第一个商品住宅项目——广州"东湖新村"获得政府批准并开始动工；1980 年 1 月 8 日，中国第一家房地产公司——深圳经济特区房地产公司成立，改革开放的排头兵广东开启了市场化实践的第一步。1980 年 6 月，中共中央和国务院批转《全国基本建设工作会议汇报提纲》，正式提出住房商品化制度。1980 年 10 月到 1981 年，全价售房政策向全国铺开，但由于市场反响不好，效果不理想。1982 年，开始"三三制"补贴售房探索阶段，即政府、企业和个人各承担房屋售价的三分之一的政策，但由于地方政府和单位财政负担过重、以前的公房租金价格仍然很低，影响了人们的购房积极性，因此补贴售房制度遭遇了很大阻力，并最终于 1986 年 3 月被叫停。由于房租太低，人们不愿买房。因此，中国房改的重心从单纯推动售房转移到推动租金改革。1986 年，国务院住房制度改革领导小组成立，提出了"提高工资、变暗补为明补、变实物分配为货币分配、以提高租金促进售房"的住房制度改革思路，开启了又一轮的住房制度改革探索。同时，我国住房制度改革的法制化建设也在起步，1983 年 12 月发布的《城市私有房屋管理条例》中提到了国家会依法保护城市公民私有房屋的所有权，同时，还涉及住房所有者对住房具有一定处置权和收益权，这表明住房已成为居民财产的一部分。1986 年 6 月《土地管理法》通过，进一步确认并规范了土地制度，在宪法规定土地属于国家、是共有的基础上，提出土地使用权和所有权是可以分离的，所有权不能买卖，但是使用权可以转让、买卖、租赁，并且承认土地的使用权具有价值，为中国房地产制度变革奠定了法制基础。

　　二是城市住房制度双轨制并行阶段（1988—1997 年）。国务院于 1988 年年初召开了第一次全国住房制度改革工作会议。同年 2 月 25 日，国务院住房制度改革领导小组发布了中国第一个关于房改的法规性文件，即《关于在全国城镇分期分批推行住房制度改革的实施方案》（国发〔1998〕11 号），将住房福利制度改革正式纳入中国改革开放的整体规划中，住房制度改革进入了整体方案设计和全面试点阶段。1991—1992 年全国有 24 个省份加入房改阵营，在吸取了上一阶段的房改经验后，本轮探索"以售带租"模式，房租加速上调。1992

年邓小平南方谈话以后，全国房地产价格逐步放开，政府审批权力部分下放，金融机构开始发放房地产开发贷款，中国房地产市场进入了快速增长期。1992 年，全国商品房销售额达 426.59 亿元，比上年增长了 80%。1993 年 11 月，第三次全国房改会议后，出售公房再次成为重点。但由于福利住房制度仍然存在巨大惯性、商品房相关配套制度不完善等原因，这一轮尝试也没能持续。1994 年年初，地方性房改方案被叫停，"以售带租"的房改也就此终结。此后几年中房改总体进展缓慢。但是在多轮探索中，商品住房市场还是在夹缝中顽强成长。我国住房制度改革从 1978 年开始经过近 20 年渐进式发展，至 1997 年，城镇人均居住面积上升到 8.8 平方米，是 1978 年的 2 倍多，全国城镇竣工住宅 4.055 亿平方米，是 1978 年的 10 倍多①，城市住房状况有了很大改观，住房管理法制化也有了一定进步。1994 年 7 月，国务院颁布了《国务院关于深化城镇住房制度改革的决定》（国发〔1994〕42 号），这一文件构建了中国住房改革史上第一个综合性框架。同时，1994 年还针对城市房地产管理、住宅小区管理、房地产交易价格管理等一系列问题提出了具体的管理方案，并建立了相应的制度。但住房分配体制始终没有发生根本性的变革，福利分房仍然占据主导地位，住宅商品化建设也在夹缝中发展。这一时期，住房福利化占主导，住房市场化在一步一步发展，我们将我国城市住房制度改革的这两个阶段，仍然归结为住房福利化阶段。

（三）住房市场化阶段（1998—2015 年）

1998 年 7 月 3 日《国务院关于进一步深化城镇住房制度改革加快住房建设的通知》（国发〔1998〕23 号）颁布，要求彻底停止住房实物分配，将与计划经济相适应的住房福利化分配制度带向了终点，切断了职工与单位之间的住房纽带，自此，中国住房制度进入了全新的市场化阶段。

1998 年 7 月 20 日国务院颁布《城市房地产开发经营管理条例》，政府不再对商品住房价格进行管控；2000 年，限制房企上市的禁令取

---

① 陈杰、郭晓欣：《中国城镇住房制度 70 年变迁：回顾与展望》，《中国经济报告》2019 年第 4 期。

消，大量资本涌入房地产市场，2002 年 7 月，《招标拍卖挂牌出让国有土地使用权规定》正式实施，从根本上解决了土地市场化问题。这一时间段内多重政策因素使中国房地产进入发展的快车道。2003 年全国首次房地产工作会议召开，首次提出房地产业对国民经济的支柱产业作用。2003 年 8 月 12 号国务院发布《关于促进房地产市场持续健康发展的通知》（国发〔2003〕18 号），提出房地产业具备关联度高、带动性强的特征，正式确立了房地产支柱产业的地位。

进入市场化阶段，有两个明显的变化：一是房地产业被确立为国民经济发展的支柱产业，各方市场主体纷纷进军房地产，地方政府炒地行为愈演愈烈，地价房价节节攀升，房地产业随着市场化推进，成为地方经济发展的强大推进器，成为地方财政收入的主要来源。如表 2 - 1 至表 2 - 4 所示，2008—2013 年全国和北京、四川、山东土地收入和财政收入、国内生产总值（GDP）的数据，从全国来看，2008—2013 年卖地收入超过了 GDP 的 1%、超过财政收入的 7%；从地方来看，2008—2013 年北京市卖地收入超过了 GDP 的 4%、超过财政收入的 10% 以上；四川省卖地收入超过了 GDP 的 1%、超过财政收入的 10% 以上；山东省卖地收入超过了 GDP 的 1%、超过财政收入的 10% 以上。从这几组数据来看，土地收入占 GDP 和财政收入的比重明显偏高，市场化带动了房地产业的大跃进，地方政府将房地产业作为拉动地方经济发展的有力杠杆，使地方经济政策简单化，过于依赖房地产业，也导致国家经济结构调整战略难以落地。市场化导向和支柱产业定位推动了城市房地产业大发展，也出现了大量弊端，显示了市场化的缺陷。

表 2 - 1　　　**全国 2008—2013 年卖地收入与 GDP 数据表**　　（单位：亿元）

年份	2008 年	2009 年	2010 年	2011 年	2012 年	2013 年
土地成交价款	4831.68	5150.14	8206.71	8894.03	7409.64	9918.29
土地出让金	10295.8	17179.5	28197.70	31140.42	26691.52	39142.03
财政收入	61330.35	68518.30	83101.51	103874.43	117253.52	129142.90
GDP	314045.43	340902.81	401512.80	473104.05	519470.10	568845.21

数据来源：中国国土资源统计年鉴和财政部全国政府性基金收入决算表。

表 2 - 2　　　　北京 2008—2013 年卖地收入与 GDP 数据表　　（单位：亿元）

年份	2008 年	2009 年	2010 年	2011 年	2012 年	2013 年
土地成交价款	503.58	432.62	1040.60	422.64	224.65	784.04
土地出让金	502	928	1318.87	741.9	1197.9	1819.6
房地产土地购置费	639.0	587.7	1292.7	1301.2	1102.7	1159.5
公共财政预算收入	1837.32	2026.81	2353.93	3006.28	3314.93	3661.11
地方财政收入	2282.04	2678.77	3810.91	4359.10	4573.72	5566.08
GDP	11115.00	12153.03	14113.58	16251.93	17879.40	19500.56

数据来源：中国国土资源统计年鉴、北京统计年鉴和北京市财政局北京市预算执行报告。

表 2 - 3　　　　四川省 2008—2013 年卖地收入与 GDP 数据表　　（单位：亿元）

年份	2008 年	2009 年	2010 年	2011 年	2012 年	2013 年
土地成交价款	179.49	143.43	239.40	242.32	157.99	337.25
公共财政预算收入	1041.66	1174.59	1561.67	2044.79	2421.27	2784.1
GDP	12601.23	14151.28	17185.48	21026.68	23872.80	26260.77

数据来源：中国国土资源统计年鉴、四川省统计年鉴和四川省财政决算报告。

表 2 - 4　　　　山东省 2008—2013 年卖地收入与 GDP 数据表　　（单位：亿元）

年份	2008 年	2009 年	2010 年	2011 年	2012 年	2013 年
土地成交价款	251.46	201.01	420.90	571.59	448.17	552.85
公共财政预算收入	1957.05	2198.63	2749.38	3455.93	4059.43	4559.95
GDP	30933.28	33896.65	39169.92	45361.85	50013.24	54684.33

数据来源：中国国土资源统计年鉴、山东省统计年鉴和山东省公共财政预算报告。

二是国家的房地产业政策制度转换，由以前的以行政管理为主转向了以宏观调控为主。适应住房市场化的阶段转型，政府的管理职能也要随之转变，原来的行政决策和行政政策制度不适用了，必须通过市场调节，发挥市场的决定性作用，政府只能通过宏观调控来引导房地产业发展。所以，20 世纪初，房地产业宏观调控政策不断出台。2002 年住建部发布《关于加强房地产市场宏观调控、促进房地产市场健康发展意见》（建住房〔2002〕217 号），从土地供应、住房结构、市场整顿等方面提出了规范要求。2005 年 3 月，国务院办公厅发布《关于切实稳定住房价格的通知》（国办〔2005〕8 号）（俗称"老国八条"），首次将房地产市场调控提升到国家层面。2008 年 12 月，国务院办公厅发布了《关于房地产市场健康发展的若干意见》，鼓励普通商品房消费，并提出放宽二套房购买条件。2009 年金融危机影响下，为尽快摆脱危机，大量资金涌入房地产业，刺激了房地产业大发展，房价大幅度反弹，需求重新释放，房地产宏观调控不得不从紧，以"限购、限贷、限价"为主的调控措施在全国各地展开，直到2011 年以后，诸多调控政策效果叠加，主要城市的住房市场才开始降温，房地产市场开始出现了分化，170 个大中城市房价上涨，三、四线城市房价下跌。房地产市场的宏观调控政策总体上效果不太好，调控一紧房价就止涨，调控一松房价就涨，甚至调控一松，房价涨得更快，说明调控政策不能解决房地产市场的根本问题。

（四）住房制度长效化阶段（2016 年至今）

纵观 30 多年的城市住房制度改革，一步步走向市场化，一步步靠房地产业拉动经济增长，住房商品大幅增加，住房价格大幅攀升。但是，房地产市场乱象频频曝光，一轮又一轮调控政策频频落地收效甚微，一部分人手握多套房财富见涨，另一部分人急需买房收入不够沦为"房奴"。房地产市场牵动众多行业，房地产品牵动亿万家庭，跌宕起伏，错综复杂，乱象根源在哪里？如何才能稳定发展？党和国家开始深层探索，整体设计，战略谋划，探索我国城市住房制度长效之策、治本之道。从产业定位、改革路径、发展机制、政市关系等方面系统谋划，初步建立了房住不炒、回归居住本位，保障房和商品房共同发展、租购并举，市场化推进、政府为主建设保障房、其他主体为主建设商品房的住房制度长效化体制机制。

确立房住不炒定位、回归居住本位。我国城市住房制度改革以来，根据国民经济发展的现实需要，借鉴国际经验，将房地产业定位为国民经济支柱产业之一，在一定时期内促进了经济发展，但也带来了一系列问题，需要随着我国经济发展进入新常态，国民经济结构调整的需要，对房地产业的定位进行调整，探索房地产业发展的长效机制。2016 年年底，中央政治局会议提出要加快研究建立符合国情、适应市场规律的房地产平稳健康发展长效机制。随后，2016 年的中央经济工作会议首次提出"房住不炒"的定位。在中国特色社会主义新时代，党的十九大报告中就住房制度建设提出了新的思路，即"坚持房子是用来住的、不是用来炒的定位"。"房住不炒"，回归住房的居住本位，这是我国住房制度改革理念的重大转变，"房住不炒"将成为今后相当长的一段时间内党和政府解决城市住房问题、建立房地产市场健康稳定发展长效机制的核心指导思想。

建立城市住房制度长效化体制机制。党的十九大报告提出"加快建立多主体供给、多渠道保障、租购并举的住房制度，让全体人民住有所居"，为中国特色社会主义新时代住房制度建设指明了方向。保障房和商品房共同发展，在住房制度市场化阶段，党和政府就开始考虑依托市场化机制，在大力推进商品房建设的同时，逐步加强保障房建设。如前所述，2007 年国家就启动了政府主导的保障房建设，2007 年 8 月 13 日，国务院办公厅颁布《国务院关于解决城市低收入家庭住房困难的若干意见》（国发〔2007〕24 号），通过政府主导建设的廉租房解决城市低收入家庭的住房保障问题，标志着保障房建设的启动。2009 年 6 月，住房与城乡建设部发布《2009—2011 年廉租住房保障规划》，宣布三年基本解决 747 万户现有城市低收入住房困难家庭的住房问题。2010 年 1 月 10 号，国务院办公厅发布《关于促进房地产市场平稳健康发展的通知》（国办发〔2010〕4 号）又提出要在 2012 年前为 1540 万户城市低收入家庭提供保障性住房。2011 年 1 月，时任总理温家宝宣布"十二五"规划期间将建设 3600 万套保障房计划，"十二五"计划期间实际建设保障房 3890 多万套。目标是到 2015 年将全国城镇人口的保障性住房覆盖率从 2010 年年底的 7%—8% 提高到 20%，基本实现城镇低收入家庭"应保尽保"。"十三五"期间保障房建设重点转向城市棚户区改造和农村危房改造。2016 年 7 月 24 日，住建部等九部委联合发布《关于在人口净流入的大中城市加快发展住房租赁市场的通知》，提出加快发展住房租赁市场，选定广州、深圳、南京等 11 个城市开展住房租赁试点。这样商品房和保障房、住房租赁和住房买卖两条线并行的体制机制建立并平稳运行，初步确立了新时代住房制度平稳长效发展的架构。

综观我国城市住房制度 40 年的改革、70 年的建设发展，取得了巨大成就。房地产投资大幅提高，城镇居民住房面积大大增加，基本解决了城镇住房短缺状况，人民群众居住需求得到不同程度满足。1978 年全国住宅投资仅 38 亿元，占 GDP 比重 1.2%；1997 年全社会住宅投资 5371 亿元，对市场化的房地产投资为 3178 亿元，占全社会投资比重 12.74%，占 GDP 比重 3.99%，其中住宅房地产开发投资占 GDP 比重 1.93%；2008 年全国房地产开发投资 2.53 万亿元，其中住宅投资 2.5 万亿元，占全社会固定资产总投资的 18.21%，占 GDP 比重的 8.31%；2018 年全国房地产开发投资为 12.03 万亿元，其中住宅投资 8.52 亿元，占全社会固定资产总投资的 13.40%，占 GDP 比重 9.46%。城镇居民人均住房建筑面积，1978 年仅 6.7 平方米，2018 年达到 38 平方米，40 年翻了 5 倍多。[①]

当然，我国城市住房制度 70 年演进，住房建设 70 年发展，波澜起伏，波涛汹涌，既有巨大成就，也有不少问题。住房建设目的与党的执政目标、国家发展目标的契合，政府和市场的责任边界，住房资源分配的保障性与公平性，住房制度体制机制的完善，等等，需要更好地运用马克思主义住宅理论指导解决新时代住房建设的实际问题。

二　运用马克思主义住宅理论指导当代中国住房建设

今天，我们重温马克思、恩格斯的住宅理论，回顾和反思我国 70 年城市住房制度演进历程，对于我国深化新时代住房制度改革，推动我国房地产事业健康发展，更好地满足人民群众美好生活需要，具有重要的指导意义。

（一）始终把握住房建设为人民的目标定位

恩格斯认为，住房短缺是从资本主义社会开始出现的，是社会从农业文明转向工业文明，从乡村中心向城市化发展时期的特有现象。

---

① 陈杰、郭晓欣：《中国城镇住房制度 70 年变迁：回顾与展望》，《中国经济报告》2019 年第 4 期。

那么，资本主义社会为什么解决不了这种住房短缺现象？马克思、恩格斯认为其根源在资本主义私有制。"要消除这种住房短缺，只有一个方法：消灭统治阶级对劳动阶级的一切剥削和压迫。"① 解决资本主义住房短缺问题的根本方法就是推翻资产阶级政治统治，消灭资本主义私有制。只有这样，住房问题才能摆脱资本家剥削的手段，回归居住功能本身。

反过来看，根据马克思、恩格斯关于住宅短缺根源的观点，社会主义为什么能够解决住宅短缺问题，首先就是因为无产阶级的政治统治代替了资产阶级的政治统治，公有制代替了私有制，为社会主义住宅问题的解决创造了政治条件，奠定了经济基础。所以，社会主义时期即使还存在住房短缺现象，也是暂时的，是由社会主义建设初期基础薄弱、条件不足等原因造成的。从长远来看，住房短缺问题是一定能够解决的，因为社会主义是劳动人民当家作主的社会，消灭了剥削制度的经济基础，使住宅问题回归到了居住本身。实现全体人民住有所居，满足人民群众住房需求，是无产阶级政党夺取政权后的重要任务，是中国特色社会主义建设的目标，在资本主义等剥削阶级社会是不可能做到的，是由执政党的根本性质、社会主义社会性质决定的。

从这个意义上来说，我国的住房制度改革，其目标是为了满足人民群众的住房需求。所以，习近平总书记强调住房问题，是人民群众最关心、最直接、最现实的利益问题，是最大的民生。坚持"房住不炒"，就是回归住房的居住本位。始终坚持住房的居住本位，应该是我国住房制度改革发展的基本理念，这是从我国城市住房制度改革实践中总结出来的正反两方面的经验教训。我们可以看到，住房制度改革实践中，背弃了这一理念，住房政策完全市场化，市场规则诱导人们大举进行住房投资，炒房热度就会不断升温，房价、租金就会节节攀升，住房两极分化（拥有多套房与无房户）等住房问题就会越来越严重，政府解决住房问题的难度也就越来越大。一旦坚守住了住房的居住定位，制定"房住不炒"的住房政策，我们的房地产市场就平稳，住房问题的矛盾就缓和，住房改革政策就更加精准化。所以，坚

---

① 《马克思恩格斯文集》第 3 卷，人民出版社 2009 年版，第 250 页。

持住房的居住本位，"房住不炒"，应该是我国住房制度改革和住房建设稳定长效发展的核心理念。

从理论上讲，坚持住房的居住本位，符合马克思、恩格斯关于未来社会住房制度的基本思想，符合中国共产党以人民为中心的执政理念，体现了中国特色社会主义国家制度的基本属性。

（二）住房属性在我国具有多重性复杂性

马克思、恩格斯对未来社会的住宅建设提出了初步设想，恩格斯在《共产主义原理》一书中提出，未来社会的住宅将是在国有土地上建设的公共住宅。马克思、恩格斯在《共产党宣言》中提出，未来社会将通过无产阶级专政剥夺地产，把地租用于国家支出。马克思、恩格斯在此简略地论述了住宅与所有制、国家政权的关系，认为住宅是在土地国有制基础上建设的公共住宅，无产阶级剥夺私有房产后要将房租用于国家建设。实际上这就涉及我们今天所说的住房属性问题。

住房属性问题是我国住房制度改革过程中长期讨论的一个重要问题，也是一个复杂的问题，站在不同的角度，有不同的观点和结论。探讨住房属性问题，必须符合中国的国情，必须符合我国的国家性质、中国共产党的执政本质。从马克思主义视角看，住房是民生产品、消费品、特殊商品，是多重属性的统一。

1. 住房是民生产品

住房和土地在资本主义社会都是资本家和少数个人的私有产品，从统治阶级来讲，这是资产阶级的剥削手段之一，这是作为统治阶级的资产阶级的阶级性质决定的。在社会主义条件下，土地等生产资料实行公有制，城市土地是国有制。从中国共产党作为执政党的阶级属性来看，它是中国工人阶级的先锋队，是中国人民和中华民族的先锋队，是中国人民利益的忠实代表，中国共产党的执政理念就是"以人民为中心""执政为民"，为人民群众建设住房，满足人民群众的住房需求，是中国共产党的执政目标之一。从这个意义上说，住房产品是中国共产党作为执政党为人民群众提供的民生产品。

社会主义生产资料公有制则为中国共产党提供住房这一民生产品奠定了经济基础。马克思、恩格斯强调在国有土地上建设住宅，这是社会主义与资本主义在住房制度上的最大区别，也是社会主义制度的优势。国家可以有规划、有步骤地建设住宅，从国计民生高度谋划为人民群众提供住房产品，避免了土地私有制下的土地征用扯皮拖沓、建设效率低下。住房是民生产品，涉及每个人的利益，关乎每个人的生活，具有普惠性，在土地公有制基础上，才有利于国家公平地为每个人提供住房产品。

2. 住房是消费品

马克思在《政治经济学批判》序言中指出："生产直接也是消费"，"消费直接也是生产"，"没有生产，就没有消费"，同时，"没有消费，也就没有生产"。① 从马克思主义关于生产和消费的关系来看，建造住房是生产也是消费，住房是消费品，并且是耐用消费品。建造住房的建筑业的发展能够带动物质资料生产和消费资料生产。建筑业是劳动力密集型行业，在工业化、城市化初级阶段，拉动经济发展的作用尤为明显。住房是民生产品，对于我们这个人口众多，住房短缺的国家来说，就必须投入大量的人力物力，开展大规模的建设，才能逐步提供人人需要的住房产品。所以，住房制度改革一开始，我国就将建筑业房地产建设定位为国民经济的支柱产业之一，成为推动我国经济发展的重要杠杆。但是，住房是消费品，建造住房的目的是满足人民的住房需求，带动经济发展只是手段，或者说是直接结果。在住房制度改革的 40 年实践中，特别是 20 世纪 90 年代住房商品化阶段开始，我们过于强调了其国民经济支柱产业的地位，忽略了住房是消费品的定位，导致各地大兴土木，大搞"土地财政"，鼓励住房超前消费、资产消费（将房产作为家庭重要资产购买、储值、升值），导致了房地产市场炒作过热、秩序混乱、价格飙升。据央行发布的《2019 年中国城镇居民家庭资产负债情况调查》报告，中国城镇居民家庭户均总资产 317.9 万元，其中住房资产占家庭总资产的比重为 59.1%，房贷是家庭负债的主要构成，占家庭总负债的 75.9%，户主年龄在 26—35 岁的居民家庭债务参与率、户均债务规模资产负债率、债务收入比都高于其他家庭。这些数据说明，住房消费是我国城镇居

---

① 《马克思恩格斯选集》第 2 卷，人民出版社 2012 年版，第 690—691 页。

民的最大消费，刚需家庭和年轻家庭更是负债超前消费。住房消费比重高严重迟滞了其他消费，影响了城镇居民消费结构升级，也进一步影响了我国经济结构调整，对我国在新时代构建以消费拉动生产，以国内循环为主、国内国际双循环相互促进的新发展格局也极为不利。吸取住房市场化中的教训，整顿房地产市场，引导国民经济结构深层调整过程中，党和政府提出"房住不炒"，回归住房的居住本位，控制住房价格上涨。强调住房是消费品，不是投资产品的定位，对于控制住房价格，引导人民群众合理住房消费具有重要意义。

3. 住房是特殊商品

我国住房制度改革，总体上是面向市场化的改革，将住房从福利产品转化为商品，住房商品化就是住房制度改革的核心。40 年住房制度改革过程中，住房价格从半市场化到完全市场化又回到半市场化，几经波折，停停升升，国家宏观调控的力度不断加大。为什么住房价格不能完全市场化？我国住房价格调整的目的是什么？

我国城市住房改革的历程表明，住房是商品，但又不是一般商品，而是特殊商品。"特"在哪儿？主要是指住房价格既由市场决定，但又不完全由市场决定；一段时间内住房价格以市场调节为主，另一段时间内又以政府调控为主；商品房以市场调节价格为主，保障房以政府定价为主。依据何在呢？这就是由我国的国情、社会制度性质、执政党的性质决定的。党的性质、国家的性质决定了我国的住房建设是为了满足人民的住房需求，所以，我们将住房定位为民生产品、消费产品，是党和政府要为全体民众提供的。人口众多和住房短缺的国情决定了住房的刚性需求会在相当长的时间内存在，按照市场规则价值规律的作用，住房商品市场将在相当长时间内供不应求，住房价格上涨成为必然现象，一部分刚需消费者就会买不起、租不起住房，这就背离了党的执政目标和人民利益。在这种情况下，我国的住房制度改革正在不断纠偏、不断完善、不断精准，以住房价格为杠杆，分区分层分类精准施政，以期更好地满足不同地域、不同类型群体不同层次的住房需求。具体就是：大中城市强化政府价格调控，中小城镇和三、四线城市以市场价格为主；商品房以市场价格为主，保障房以调控价格为主；改善性需求以市场价格为主，刚性需求以调控价格为主。这就是中国特色社会主义市场经济下住房商品的特殊性。

（三）建立商品房和保障房双轮驱动，以保障房为主的住房供应体系

马克思、恩格斯在分析资本主义住宅问题的解决方案时，列举了资产阶级、小资产阶级和无产阶级解决住宅问题的不同方案，提出了未来社会要在国有土地上建立公共住宅。现在我们具备了解决住宅问题的前提条件——建立土地公有制，但解决住宅问题的具体政策措施，我们还一直在探索中。70 年的实践中，我们历经依托政府和单位的住房福利化、依托市场商品化两个重要阶段，但都未能很好地解决住房供应不足、住房价格增长过快等突出问题。

面对住房产品供应上的突出问题，在我国经济大力推进供给侧结构性改革的实践中，我们正探索住房制度体系中合理界定政府和市场的边界，发挥有为政府和有效市场作用的体制机制，经过 2007 年以来的实践探索，正在形成政府为主提供保障房、市场为主提供商品房的双轮驱动住房供应体系。政府为主提供保障房，主要是依托政府职能，发挥政府在规划、资金、资源、价格调控等方面的优势，以国有房地产企业为主，开发建设保障房，满足群众住房的刚性需求。市场为主提供商品房，主要是依托市场的决定性作用，充分发挥市场竞争机制、创新发展、优胜劣汰的作用，以民营、外资房地产企业为主，建设商品房，也可配套建设一定比例的保障房，满足群众改善性住房需求。保障房和商品房供应两轮驱动，政府和市场各自发挥自身优势，作用边界清晰有度，能够为我国住房制度长效机制建设提供有效路径。

在保障房和商品房相结合的供应体系建设中，应重点强化保障房建设。在规划和政策方面，住房建设优先规划保障房用地，给予保障房建设以税收、财政、金融、配套设施等政策倾斜；在建设主体方面，以国有房地产企业为主，规定民营房地产企业在商品房开发中必须配套建设一定比例的保障房；在保障房管理中心，要充分利用现代技术，发挥政府和社会组织的监督监管职能，做到公开公平公正；在保障房设计方面，真正体现以民为本，选择宜居、便利、配套齐全的地址建设，坚持中小户型格局，坚持限价房、成本价房、租赁房等多

种类型相结合；保障房的定价方面，坚持在参考商品房价的基础上，由政府和开发商协商定价，充分体现保障房的价格优势，这是保障房制度的核心。建设好保障房具有重要的意义，它充分体现了中国共产党"执政为民"的理念，充分发挥了政府在住房供应中的保障作用；能够引导市场控制房价，抑制炒房行为，逐步扭转群众将住房作为投资、财富第一选择的观念，引导群众财产和投资多元化；有利于节约利用土地，保护我国耕地红线；在农村推进以保障房为主的住房建设，有利于农村住房向集聚、集约、多层发展。

保障房建设是中国特色社会主义在住房制度上的创新，习近平总书记强调要"努力把住房保障和供应体系建设办成一项经得起实践、人民、历史检验的德政工程"①。

（四）构建租购并举，以租赁价格稳定购买价格的住房价格体系

住房价格是住房制度的核心，住房制度长效机制建设的一个直接目标就是控制房价，使房价保持在一个合理区间。我国房地产市场的突出矛盾就是大中城市房价高企，让大多数购房者望而却步，高房价也推高了住房租金。2009 年全国住宅平均价格涨幅达 25.1%。北京商品房均价达到 21880 元/平方米，比前一年同期上涨了 88.4%。此后，虽然国家不断出台政策调控，但全国百城房价仍在高位不断上涨（如图 2 - 2 所示）。密集的宏观调控政策控不住房价，有什么更好的长久应对之策呢？

我们在此重温马克思、恩格斯的住宅理论，恩格斯在批判小资产阶级的代表米尔伯格废除住房租赁制的主张时指出：米尔伯格认为房东收取的"租金"就是"剩余价值"，应该是属于社会的，不应归住房所有者。米尔伯格将承租人与房主的关系混同为雇佣工人与资本家的关系，实际上二者只是一种商品交易行为，租房只是购买一定期限内的房屋使用权，与资本家占有工人的剩余价值完全不同。从恩格斯的论述中我们看到他是赞成住房租赁制的，认为住房租赁制反映的不是剥削关系，适合收入不高的工人阶级，有助于解决住房短缺问题。

---

① 《习近平谈治国理政》，外文出版社 2014 年版，第 192 页。

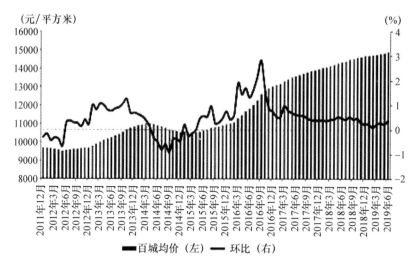

图 2 - 2　2011 年 12 月至 2019 年 6 月百城住宅均价及环比变化图

数据来源：http：//www. chyxx. comindustry201911800487. html。

以此来看我们今天面临的住房问题，住房短缺没有完全解决，城镇新就业的年轻人和新型城镇化中转移到城镇的农民住房需求大，但收入又不太高，买房存在一定困难；我国住房租赁制度不完善，政府主导的住房租赁较少，私人住房租赁成为主体，高房价带来的高租金限制了住房租赁业的发展。

重温马克思主义关于住房租赁的论述，结合当前中国住房制度实践的现实，笔者提出构建租购并举、以租赁价格稳定购买价格的住房价格体系，大力发展保障房中的租赁住房，以政府定价的住房租赁为主体完善住房租赁制度。保障房建设中以租赁住房为主体，在 2007 年启动保障房建设，"十二五"时期建设 3800 多万套保障房，"十三五"时期开展城市棚户区改造和农村贫困户住房改造的基础上，"十四五"时期或者更长时间段，保障房建设要以租赁房建设为主，扩大住房租赁规模，降低租赁价格，完善政府主导的住房租赁制度。租赁住房建设主体应该是国有房地产企业，政府扶持和培育非营利性社会组织参与租赁住房建设；租赁价格以政府定价为主，以较低的价格为城镇困难家庭提供廉租房，以较低的价格吸引年轻人和新型城镇化中的农民工租房，以较低的租房价格引导商品房价格下降，使群众以房产积聚财富的观念逐渐转变，有利于国家经济结构的调整优化；住房租赁管理体系，中央出台支持和加快住房租赁体系发展的政策措施，提供土地、税收、财政、金融等政策倾斜支持，地方政府和城市负责管理、分配和运营，保证公开公平公正。大力加强保障性租赁住房建设，完善住房租赁制度，践行了中国共产党以人民为中心的执政理念，彰显了中国特色社会主义的制度优势。

在马克思主义住宅理论指导下，中国共产党人不断总结凝练中国化的住宅思想，在新中国 70 年住宅建设实践基础上，一定能够形成具有中国特色、彰显中国智慧的住房制度体系。

在探索建立城市住房制度长效体制机制的同时，以马克思主义住宅理论为指导，贯彻落实中国共产党历代领导人的住宅思想，研究和推动我国农村住宅建设改革发展，实现乡村振兴，具有重要意义。

第三章

以马克思主义住宅理论指导
我国农村住宅建设

第一节　关注我国农村住宅建设的必要性

一　关注我国农村住宅建设是社会主义新农村和乡村振兴的时代需要

社会主义新农村建设是我国重大的经济问题、政治问题和社会问题。2006 年党的十六届五中全会提出"建设社会主义新农村"的时代命题，提出了"生产发展、生活宽裕、乡风文明、村容整洁、管理民主"的新农村建设二十字方针。如何实现"村容整洁"的目标，成为社会主义新农村建设的重要课题。

2008 年 10 月，党的十七届三中全会通过了《中共中央关于推进农村改革发展若干重大问题的决定》，要求按照产权清晰、用途管制、节约集约、严格管理的原则建立严格的农村土地管理制度。要从节约用地的高度严格宅基地管理，农村宅基地和村庄整理所节约的土地，首先要复垦为耕地。这就为农村宅基地集约开发确立了基本原则，指明了方向。

随着改革开放事业的发展，我国现代化建设不断推进，城镇化步伐不断加快，导致非农建设用地年年扩张，耕地面积锐减。据统计，2000 年年底我国有耕地 19.2364 亿亩，2002 年减为 18.8894 亿亩，到 2006 年为 18.2663 亿亩，2008 年减到 18.2574 亿亩[①]，八年来，平均每年减少耕地 1223.75 万亩。党中央确立的守住 18 亿亩耕地红线的难度越来越大。怎么办？党的十七届三中全会强调要坚持最严格的耕地保护制度，划定永久基本农田，耕地实行先补后占，坚决守住 18 亿亩耕地红线。由此看来，按照新农村建设的要求，加快农村宅基地的开发整理，就成为节约集约用地，守住 18 亿亩耕地红线的有效途径之一。

随着社会主义新农村建设的深入推进，城镇化建设步伐加快，我国的农村土地管理制度也越来越严格，耕地与建设用地的矛盾日益凸显。如何化解这一矛盾，科学推进农村的现代化事业，成为农村发展面临的一个重大课题。2015 年 2 月，国家确定江苏、安徽两省和 62 个城市（镇）为新型城镇化综合试点地区，浙江省嘉兴市是其中的试点城市之一，四川省成都市在实践中探索形成了大城市带大郊区的典型模式。笔者结合在嘉兴市和成都市的实地调查，在进行较为深入的理论探讨的基础上，选择了从农村宅基地开发整理的角度，以城镇化、市场化、现代化为视角，探讨化解耕地与建设用地的矛盾，推动农村现代化事业科学发展的有效途径。

2017 年党的十九大提出实施乡村振兴战略，要求按照产业兴旺、生态宜居、乡风文明、治理有效、生活富裕的总要求，建立健全城乡融合发展的体制机制和政策体系，加快推进农业农村现代化。这是中国共产党实行改革开放伟大转折以来，在我国农村启动家庭联产承包责任制改革、实施社会主义新农村建设重大决策以来，又一推进农业农村现代化的战略决策。乡村振兴战略在社会主义新农村建设目标的基础上，对农民居住等生活方面提出了"生活宽裕"基础上"生态宜居"的更高水平上的美好愿景。如何实现"生态宜居"的美好愿景是中国特色社会主义新时代推进农业农村现代化的重要课题，提高农村住宅建设水平是新时代农民实现生态宜居愿望的时代要求。

---

① 资料来源：《中国国土资源年鉴（2006）》和《2008 国土资源公报》。

二 关注我国农村住宅建设是社会主义新农村和乡村振兴的实践需要

我国是一个有着 13 亿多人口的大国，其中居住在乡村的人口约有 8 亿，占总人口的 63.91%，因此农业、农村和农民问题，始终是关系我国经济和社会发展全局的重大问题。没有农业的牢固基础和农业的积累与支持，就不可能有国家的自立和工业的发展；没有农村的稳定和全面进步，就不可能有整个社会的稳定和全面进步；没有农民的小康就不可能有全国人民的小康。农业丰，则基础牢；农村稳，则社会安；农民富，则国家昌。

人地矛盾一直是我国经济社会发展中的突出矛盾，特别是人口不断增多与耕地日益减少的矛盾加剧，直接影响了人民的生存安全。自古以来，我国呈现着人口不断增加、耕地持续减少的发展趋势，如表 3 - 1 所示。

表 3 - 1   中国历代人口与耕地面积变动表

年代（公元）	人数（万人）	耕地（百万亩）	人均耕地（亩/人）
西汉 2	5900	827	13.88
东汉 105	5320	535	10.09
盛唐 755	8080	1430	17.88
宋初 976	4040	255	6.37
明朝 1381	5900	367	6.31
明朝 1600	12000	500	4.02
清朝 1662	8300	713	8.59
清朝 1774	26800	986	3.69
清朝 1840	42027	1365	3.25
清末 1900	44571	1437	3.22
1920	48855	1516	3.10
1935	53276	1586	2.98
1949	54167	1468	2.71

资料来源：转引自吴亚卓《当代中国农村土地制度变革研究》，博士学位论文，西北农林科技大学，2002 年。

新中国成立后，人地关系仍然很紧张，特别是随着20世纪六七十年代人口的过快增长，我国人均耕地面积从1965年的2.14亩下降到1978年的1.55亩，这是一个显著的变化。随着1978年党的十一届三中全会的召开，我国进入改革开放的新时代，城镇化、工业化的进程逐步加快，20世纪90年代耕地面积进一步缩减，1994年人均耕地面积1.19亩，降到历史最低点，粮食安全成为严峻课题，党和政府认识到问题的严重性，开始建立粮食储备制度，严格土地管理，加强耕地整理和复垦工作，耕地锐减的势头得到一定遏制。1999年人均耕地面积恢复到1.59亩。进入21世纪，我国的社会转型更加深刻和全面，城镇化、工业化进一步发展，人均耕地面积呈现缓慢下降的趋势，如表3-2所示。人地关系恶化还在加剧，更为严峻的是我国可开发利用的后备耕地资源只有约10.6亿亩，其中可开发为耕地的仅为1.91亿亩。

表3-2　　　　　　　1949年以来人口与耕地面积变动表

年份	1949	1952	1957	1965	1978	1987	1990	1994	1999	2005	2009
总人数（亿人）	5.42	5.74	6.46	7.25	9.62	10.93	11.43	11.98	12.59	13.08	13.34
总耕地（亿亩）	14.68	16.18	16.77	15.53	14.90	14.38	14.35	14.23	19.38	18.31	18.26
人均耕地（亩/人）	2.71	2.82	2.60	2.14	1.55	1.25	1.25	1.19	1.59	1.40	1.39

资料来源：根据《中国统计年鉴》《中国农业统计公报》计算。

面对人地关系的矛盾，人口的持续增加，耕地的不断减少，工业化、城镇化对土地的需求不断增加。2011年中央提出要确保耕地占补平衡，力争不减一亩耕地。如何破解这一困局，保住18亿亩耕地红线，维护我国的粮食安全、农业安全？农村宅基地集约开发是有效的途径之一。

笔者认为，农村宅基地集约开发是新农村建设的重要支点，通过宅基地集约开发，引导农民向城镇、规划的中心村集聚居住，逐步改变农民住宅散、乱、差的局面，达到村容整洁的要求。同时，通过宅基地集约开发，引导农民到集聚的城镇、中心村发展商业、服务业，优化地区经济结构，发展地区经济，增加农民收入；地方政府在农民集聚的城镇、中心村兴办教育、医疗、文化、娱乐等设施，提高公共服务能力，引导农村精神文明建设，最终实现经济发展、生活宽裕、乡风文明、管理民主的社会主义新农村建设目标。所以，笔者认为农村宅基地集约开发是新农村建设的重要支点，能够推动新农村建设目标实现，引导农村向城镇化、市场化、现代化方向发展，具有重要的实践价值。

在乡村振兴实践中如何实现"生态宜居"？我们在农村住宅建设中，必须在集聚集约发展的基础上，强调生态环保和公共服务建设，提升农民社区建设水平，更好地满足农民生态宜居的美好生活需求。所以，在乡村振兴实践中，加强农村住宅建设研究，提高农村住宅建设水平，具有重要的实践意义。

三　关注我国农村住宅建设是深化农村土地理论研究的需要

对于农村宅基地的开发整理，我们主张要以市场化为导向、以城镇化为手段、以现代化为目标，促进农村现代化事业的科学发展。

从理论上，首先要把土地，特别是宅基地作为重要的物质资源，运用土地管理学、资源经济学理论，研究宅基地的管理、宅基地的开发整理。运用产业经济学理论，分析农村宅基地集约开发带来的影响，不仅是对农业发展的影响，还有对农村地区工业、商业等其他产业的影响。运用城镇化理论，分析农民集约居住带来的生活方式、生产方式的变化和产业发展需求。运用市场经济理论，分析如何运用市场杠杆调动农民参与宅基地开发的积极性，有效推进农村宅基地开发建设。运用现代化、社会主义新农村建设理论，分析农村宅基地开发与新农村建设、农村现代化的关系，农村宅基地开发建设的前景和目标。

本书所运用的土地管理学、产业经济学、城镇化、市场化、现代化等理论，及其对农村宅基地集约开发的指导作用，将在后面各章中具体分析。

第二节　我国学界研究农村住宅建设综述

一　相关概念的研究

（一）现代化

"现代化"① 一词常被用来描述现代发生的社会和文化变迁的现象。根据马格纳雷拉的定义，现代化是发展中的社会为了获得发达的工业社会所具有的一些特点，而经历的文化与社会变迁的，包容一切的全球性过程。

从历史上讲，它主要指近代以来，世界各国向以西欧及北美地区等国家许多近现代以来形成的价值为目标，寻求新的出路的过程，因此常与西方化的内涵相近。一般而言，现代化包括学术知识上的科学化，政治上的民主化，经济上的工业化，社会生活上的城市化，思想领域的自由化和民主化，文化上的人性化等。

现代化是人类文明的一种深刻变化，是文明要素的创新、选择、传播和退出交替进行的过程。现代化的核心是"人性的解放"和"生产力（效率）的解放"，从欧美等西方社会开始，有时也被称为"西方化"，但不专属于西方社会。

现代化可以理解为四个过程：技术的发展；农业的发展；工业化；都市化。现代化的一个方面是技术的大爆炸，它使人类思想以惊人的速度和数量增长和传递。不同文化之间的差别在缩小，而专业技术领域上的差别却在扩大。现代化是较不发达社会通过社会改革，获得较发达社会共有特征的一个社会变革过程。这个社会变革过程是由国际之间或社会之间的交流所促使的。第二次世界大战后，欧洲各国衰落，美国势力扩大，影响欧洲和世界的发展，人们用"西方化"这个词也无法充分表达战后世界的交流方式，为了适应这种实际情况的

① 何清涟：《现代化的陷阱——当代中国的经济社会问题》，今日中国出版社 1998 年版。

需要，"现代化"这个新词便应运而生。因为它可以简明地表达所有建设现代化的社会的相似愿望而不论其地域和传统如何，所以"现代化"这个概念开始流行。

在18—21世纪期间，世界现代化可以分为两大阶段，其中，第一次现代化是从农业社会向工业社会、农业经济向工业经济、农业文明向工业文明的转变；第二次现代化是从工业社会向知识社会、工业经济向知识经济、工业文明向知识文明、物质文明向生态文明的转变。

（二）市场化

关于市场化①的含义一直没有确切的说法，比较通用的市场化是指用市场作为解决社会、政治和经济问题等基础手段的一种状态，意味着对经济的放松管制，工业产权的私有化的影响。市场化的工具有多种，比较低程度的市场化就是外包，比较高程度的市场化就是完全出售。

关于市场化概念的理解，学术界一般有两种理解：一种是指市场机制在一个经济体资源配置中发挥作用持续增加的经济体制演变过程；一种是特指改革或者转轨国家资源由计划配置向市场配置的经济体制转变过程。前者是发展意义上的市场化；后者是改革或者转轨意义上的市场化。我国的市场化进程，一方面有发展意义上的市场化成分，同时也有改革意义上的市场化含义。进行国际比较时，论及改革或者转轨国家，多指改革意义上的市场化；此外，有学者将市场化定义为经济自由化，即经济决策的权力从中央逐渐转交到分散的经济主体手中，不同的经济主体则根据自身的利益最大化目标对于种种可行的方案作出决策。

（三）城镇化

关于城镇化，学者们一般也将其称为城市化、都市化，其基本含义是指农村人口转化为城镇人口的过程。"城镇化"一词出现很显然要晚于"城市化"，这是中国学者创造的一个新词汇，很多学者主张

---

① 原玉廷、杨素青：《我国市场化进程及研究动态》，《江汉论坛》2005年第11期。

使用"城镇化"一词。1991年，辜胜阻在《非农化与城镇化研究》一文中使用并拓展了"城镇化"的概念，党的十五届四中全会通过的《关于制定国民经济和社会发展第十个五年计划的建议》正式采用了"城镇化"一词。这是近50年来中国首次在最高官方文件中使用"城镇化"。

城镇化是一个历史范畴，同时，它也是一个发展中的概念。不同的学科从不同的角度对之有不同的解释，就目前来说，国内外学者对城市化的概念分别从人口学、地理学、社会学、经济学等角度予以阐述。

人口学把城镇化定义为农村人口转化为城镇人口的过程。他们所说的城市化就是人口的城市化，指的是"人口向城市地区集中、或农业人口变为非农业人口的过程"。中国的人口中大多是农民，因此加快我国人口城市化的步伐对于促进农村剩余劳动力的转移、实现农村经济的增长有着重要的战略意义。

地理学所研究的城镇化是一个地区的人口在城镇和城市相对集中的过程。城市化也意味着城镇用地扩展，城市文化、城市生活方式和价值观在农村地域的扩散过程。

从社会学的角度来说，城镇化就是农村生活方式转化为城市生活方式的过程。发展不是目的，只是一种手段，其根本目的还是提高人民的生活水平，改善人民的生活质量，促进人的技能和素质的提高，提高人类社会的整体发展水平，使人与人、人与自然和谐发展。从社会发展学角度来看，城市化是城市先进社会经济要素在乡村的普及程度。

经济学上从工业化的角度来定义城镇化，即认为城市化就是农村经济转化为城市化大生产的过程。在现在看来城市化是工业化的必然结果。一方面，工业化会加快农业生产的机械化水平、提高农业生产率，同时工业扩张为农村剩余劳动力提供了大量的就业机会；另一方面，农村的落后也会不利于城市地区的发展，从而影响整个国民经济的发展。而加快农村地区工业化大生产，对于农村区域经济和整个国民经济的发展都具有积极意义。不同的学科从不同的角度对城市化的含义作出了解释。通过比较，我们可以发现对城市化的规定其内涵是一致的：城市化就是一个国家或地区的人口由农村向城市转移、农村地区逐步演变成城市地区、城市人口不断增长的过程；在此过程中，城市基础设施和公共服务设施不断提高，同时城市文化和城市价值观念成为主体，并不断向农村扩散，城市化是生产力进步所引起的人们的生产方式、生活方式以及价值观念的转变过程。

由此可见，对"城镇化"含义的理解多种多样，但比较公认的观点是，城镇化是由农业人口占很大比重的传统农业社会向非农业人口占多数的现代文明社会转变的历史过程，是衡量现代化过程的重要标志。

综合上述观点，笔者认为，所谓城镇化，就是指农村人口不断向城镇转移，第二、三产业不断向城镇聚集，从而使城镇数量不断增加，城镇规模不断扩大，城市生产方式、生活方式以及价值观念不断扩散的历史过程。

二　国内相关理论的研究

（一）中国农村土地制度变迁

新中国成立后，我国废除了地主阶级剥削的土地制度，我国土地制度经历了四次大的变革①，逐步探索建立起农民集体所有制和以家庭承包经营为基础、统分结合的双层经营体制。

第一次变革：从封建地主所有和租佃经营向所有权与经营权相统一的农民所有制和农村家庭经营体制变革，实现了耕者有其田。1949年9月第一次全国政治协商会议通过的《共同纲领》，要求有步骤地将封建半封建的土地所有制改变为农民的土地所有制，实现耕者有其田。1950年通过的《中国土地改革法》，为这次土地制度变革提供了法律依据。到1952年年底，全国普遍建立了农民所有和农村家庭经营的土地制度。土地革命使农民成为农业生产的主体，实现了农业劳动力与生产资料的有机统一。从历史的角度看，这一制度安排适应了当时农村生产力的客观要求。

---

① 于合军、潘兴良：《我国农村土地制度改革方向探讨》，《贵州财经学院学报》2008年第5期。

第二次变革：从所有权与经营权相统一的农民所有制和农村家庭经营体制向土地集体所有、集中统一经营的土地制度变革，确立了农村土地公有制。

为了促进农业生产专业化分工协作，实现土地资源优化配置，1953年开始了农业合作化运动，在不改变土地个体所有权与经营权的基础上，将土地等生产资料作股入社（初级农业合作社），由合作社统一经营，农民按劳取酬，年终进行土地分红。1955年又掀起初级农业合作社向高级农业合作社转化高潮，即农民将土地所有权和经营权无偿入社，农民成为合作社的劳动者，形成所有权与经营权相统一的合作社集体所有、集体经营土地制。1958年夏秋之际开始的人民公社化浪潮，推动形成了"三级所有、队为基础"的土地所有制，实行队内统一经营、独立核算、按工分酬的经营管理体制。这种一大二公的农村土地制度，在建立之初对促进农业生产发展发挥了一定积极作用，但在技术落后条件下搞集约化生产、分配的平均主义和农产品计划流通制度，严重挫伤了农民生产积极性，逐渐形成农产品全面短缺的局面。

第三次变革：从集体所有、集体统一经营向所有权与经营权适度分离的集体所有制和以家庭承包经营为基础、统分结合的双层经营体制变革，彻底打破了高度集中的计划经济体制。1978年，我国波澜壮阔的改革开放先在农村获得突破，一些地方创造了多种形式以"包"为主的农业生产责任制，从包工、包产、联产到组，发展到"包产到户""包干到户"，最终形成以家庭承包经营为基础、统分结合的双层经营体制。这一变革突破了一大二公、高度集中的人民公社制度，在坚持集体所有制的前提下，将土地承包给农户经营，极大地解放和发展了农村生产力。

第四次变革：从土地承包经营权不得转让向允许农户在承包期内依法流转土地承包经营权变革，稳定和完善了农村土地制度。1988年12月通过的《宪法》修正案，解除了土地使用权流转禁令。在第一轮土地承包到期后，国家延长了耕地、草地、林地承包期，通过制定《土地管理法》《物权法》和《农村土地承包法》等，明确家庭承包取得的土地承包经营权可以依法采取转包、出租、互换、转让或者其他方式流转，以法律形式将改革开放以来农村土地制度改革的成果确定下来。

付尊严认为新中国成立以来，农村土地制度历经：土地改革—合作化运动—人民公社—家庭联产承包责任制四个阶段的变迁。宅基地制度是我国土地制度中特殊的一项制度安排。宅基地制度变迁历经三个阶段：第一阶段，农民宅基地和房屋私有化时期（新中国成立初至1957年）；第二阶段，农村宅基地集体化时期（1958—1977年）；第三阶段，改革时期：宅基地权利体系的构建（改革开放至今）。①

从总体上看，建立在土地公有制基础上的以家庭承包经营为基础、统分结合的双层经营体制，基本适应了中国特色社会主义市场经济的要求。

（二）土地流转相关理论

关于土地流转的定义，一直没有定论，比较有代表性的有以下几种。

邓超认为②，农村土地流转指的是在保持农村土地集体所有制和家庭承包制不变的基础上农业用地经营权的转移，其实质是除所有权外的其他产权主体的易位。不同产权主体通过产权调整，优化土地利用结构与农业生产结构，体现农村土地的资产价值，实现土地资源的优化配置。随着社会主义市场经济的发展，家庭经营制度之下的小生产、小流通、分散经营等低市场化程度的经营方式已经成为农民增收和农村经济发展的瓶颈。在坚持家庭承包经营、统分结合的双层经营体制基础上，发展以标准化、商品化、集约化农业经营模式为特征的现代农业，同时建立健全与之相配套的机制已成为当务之急。

申智玲认为③，农村土地流转是指在农村土地所有权归属和农业用地性质不变的情况下，将土地使用权（经营权）从承包经营权中分离出来，转移给其他农户或经营者，其实质就是农村土地使用权的

---

① 付尊严：《我国农村宅基地制度的形成及改革方向》，《广东经济》2017年第7期。

② 邓超：《关于新农村建设中土地流转问题的思考》，《现代农业科技》2008年第16期。

③ 申智玲：《对农村土地流转问题的几点思考》，《现代农业科技》2008年第16期。

流转。（1）农村土地流转要明晰所有权归属。明确承包土地的财产权，界定土地使用主体的权利范围，使土地流转在法律上得到保障。（2）农村土地流转必须保持农业用地性质不变。我国人多地少，耕地面积极其有限，因此，流转后的土地，必须用于农业生产，决不能挪作他用，否则就有违土地流转的根本目的。

潘啸认为①，所谓农村土地流转，是指农村土地承包户依法对其所承包土地的使用权通过转让、租赁、入股等形式进行处置，获得收益的行为。土地流转是土地所有权与使用权在不同经济实体（企业或农户）之间的流动和转让。

土地所有权流转②，指集体经济组织依法向国家或其他经济组织有偿转让土地所有权。土地使用权流转指土地租赁。它包括一级土地和二级土地的使用权市场。一级土地市场是指集体经济组织将其土地使用权有偿转让给本集体成员或其他单位、个人的交易关系，是土地所有者与土地使用者之间的交易关系；二级土地市场是指土地使用者（承租或承包者）在承租（包）期内依法将土地使用权再转让给第三者的交易关系。土地使用权在土地使用者之间的流转，都属二级土地市场。

综上所述，土地流转所指的是农民承包的农村集体土地在所有权不变的情况下，通过使用权的转移，来获得收益的行为。

（三）土地流转管理

关于土地流转现状及发展历程，陈万军认为③，自20世纪80年代初推行的家庭联产承包责任制以来，农村实现了农业生产用地的集体所有权、家庭承包权、土地经营权的分离，为土地经营权的流转奠定了坚实的基础。从推行家庭联产承包制到1995年之间的前期，农村出现了自发的土地流转，而在后期又根据农村经济发展的要求进行了自发的土地流转，并积极推进农业适度规模经营，从而有效地阻止了土地撂荒和半抛荒。1995年至今的这一阶段，为了实现农业生产的

① 潘啸：《农村土地流转的动因分析与对策选择》，《山东社会科学》2008年第6期。
② 资料来源：中国高新技术企业和谐发展论坛。
③ 陈万军：《探析现阶段农村土地流转现状》，《现代农业科学》2008年第8期。

规模化、专业化、产业化经营，提高农业生产水平，许多县镇进行了大规模的农业产业结构调整，土地流转数量进一步扩大，土地流转规模呈上升趋势，出现了代耕、换耕、转包转让、出租、反租倒包、公司＋农户等多样化形式。

目前对于土地流转问题的研究涉及各个方面，包括土地流转的原因及必要性，现状和所遇到的问题，以及相应的对策。

第一，关于土地流转的原因及必要性研究。

农村土地流转是经济和社会发展到一定的历史阶段的必然要求。潘啸认为其表现在：是社会生产力发展和农民增收的客观要求，是社会主义市场经济发展的客观要求，是应对经济全球化的客观要求。

郭丽平等认为[①]，劳动经济和非农经济均带动了土地流转。一些农户由于家庭主要劳动力常年外出务工或举家外出务工，不具备从事正常农业生产的能力和条件，将土地作为另项收入不定期或长期流转他人。而随着城镇化进程的加快，企业和城镇吸纳人口能力不断增强，一部分农民在企业和城镇的非农产业上逐步实现稳定就业，这使他们渐渐脱离了土地，使得少量的土地实现流转。他认为高新产业的发展也有带动土地流转的作用。近年来，随着产业化龙头企业不断增多，生产能力和规模不断增强，其所需生产基地规模也不断扩大。这些企业自行或通过代表（类似协会）采取灵活多变的形式，与农民联合，实现土地的集约化经营，逐步拉动了土地流转。

周明俐、倪宏敏认为[②]，深化农村土地流转制度改革是走规模化经营、集约化生产的农业现代化道路的必然要求。

家庭联产承包责任制实施按农村人口数量来分配土地，人均耕地占有量小，且土地分散呈条块分布。这种状况难以实现农业机械化生产，制约着科技投入，导致农业停留在经济效益不高的粗放型生产方式上。按照马克思关于小农经济的相关理论，分散的小块土地经营是

① 郭丽平、裴融冰、李秀莲：《关于科尔沁区农村土地流转情况的调查》，《现代农业》2008 年，第 61—62 页。

② 周明俐、倪宏敏：《农村土地流转制度改革初探》，《华商》2008 年第 7 期。

一种原始的落后的生产方式，最终会被大规模的机械化农业生产所替代。由此可见，通过土地流转实现土地集中，达到农业的规模化经营，使农业由粗放型生产走向集约化生产是历史发展的必然趋势。

深化农村土地流转制度改革是加快农民非农化，推进城市化进程的必然要求。农村城市化过程中的重要部分是农民非农化，中国农村城市化进程缓慢的原因之一是农民对土地的依附，使农民无法真正摆脱农民身份。当前农村大部分家庭的收入，是通过从事非农业所得，土地收益在家庭收益中的比重不大。大量农民到城市和城镇或本地的第二、三产业，且对非农业收入较满意。同时由于土地使用权凝固化，具有基本社会保障功能的土地，使农民难以真正地脱离土地，只能以兼地农民身份往返于城市与农村。所以，深化土地流转制度改革，使使用权自由流转，农民通过转让使用权将其转化为现金保障，从而逐步脱离土地，投入到第二、三产业，推动城市化进程。

深化农村土地流转制度改革有利于农村产业化经营，增加农民收入。在中国除了少数沿海发达省份的农村外，传统农业仍旧在大部分农村产业结构中占很大比重，农业附加值产业发展较慢。大力推进土地流转，使土地集中，便于经营能力强的个体和企业参与农业。这有利于资本、技术等生产要素进入农业，提高农业的经济效益。也使龙头企业有效地充当农户与市场之间的中介，减少农民个人参与市场的风险，稳定和增加农民收入。另外，龙头企业的发展实现了农业的产业化经营，可有效地调整农业的产业结构。

段莹、李冰、辛林提出实行宅基地使用权自由流转的必要性："一是自由流转是房地一体原则要求。坚持'房地一体'原则能够使农房所有权主体与宅基地使用权主体同一。房地一体原则在我国现行法已经有法律规定。二是宅基地使用权可以自由流转取决于其自物权的属性。在我国，宅基地制度产生在实践中，顺应了不同时间段经济、政治的需要。人民公社化运动中集体将宅基地的所有权征收，把宅基地使用权作为补偿，该制度延续至今，因此宅基地使用权就是一种自物权。三是限制宅基地使用权自由流转缺少正当理由。通过限制宅基地的自由转让，来实现农村社会保障，是无效的。社会保障与福利，是通过国家和社会途径来提供的，在于建立健全农村社会保障体系。宅基地使用权是物权，其本身就是农民享有的权利，不应以其保障功能为由否认其财产交易性。"①

综上，就土地流转的必要性来看，宏观上是经济社会发展的需要，是推动城镇化的发展，农村产业化的需要；微观上看是农民增收，提高生活水平的要求。

第二，对于土地流转现状及存在的问题研究。

（1）在土地流转上存在着身份上、流转条件上、土地价值实现上的问题。

申智玲认为②，目前，农村土地承包权的流转一般限于特定的农村，这种受让主体身份限制造成土地承包权流转的封闭性，从而使土地承包权无法按照市场方式自由转让，给土地资源的合理配置制造了障碍。从土地承包经营权的转让来讲，当前农村土地承包经营权转让的一个前提条件是其转让必须经发包人同意，法律赋予了承包经营人完整的土地使用权，土地流转权是农户依法享有的权利，它与承包地的使用权、经营权、收益权一起构成了市场经济情况下家庭承包制度的基础。承包农户是流转的主体，所以土地流转主要是通过市场运作，流转收益全部归承包农户，农民在遵守法律的情况下应当有自主权，这样才符合私法自治的原则，才能促进农村经济发展的开放性。但是当前侵害农民土地流转权的现象较多，如有些所谓集体组织以土地规模经营为借口、以所谓"反租倒包"等花样，低价强行"租用"农户承包地，在流转过程中与民争利，或者随意调整承包地，分出所谓"口粮田""机动田"，变相剥夺农户土地。农村土地承包权作为一项财产权利，应当具有相应的融资功能，但农民所拥有的土地承包经营权是一种不完善的产权，致使土地收益权不完整、不清晰，难以形成土地融资市场，抑制了土地的价值担保功能，限制了土地承包权价值最大化目标的实现。农民缺少资金及可靠的融资渠道已成为当前农村经济发展的一大制约因素，也必将制约农村土地流转。

---

① 段莹、李冰、辛林：《实现农村住房财产权的法律研究》，《农业经济》2020 年第 4 期。

② 申智玲：《对农村土地流转问题的几点思考》，《现代农业科技》2008 年第 16 期。

（2）农村体系缺乏保障，导致农村土地流转困难。

刘春艳认为[①]，在非农产业就业的农民，尽管他们的主要收入来源不是农业生产，但绝大部分处于不稳定状态，所谓的"非农饭碗"有随时被打破的风险。在农村缺乏保障体系的情况下，农民视土地为最后的退路。因此，这些农民一般不愿意完全脱离土地，为农地流转带来了困难。

邓超认为，对于大多数农民来说，土地在为农民提供就业岗位和收入的同时，还承担着重要的社会保障职能。农村社会保障的缺失，在一定程度上限制了土地流转，阻碍了农业、农村产业结构的调整，导致农民收入增长乏力，农业现代化进程也相对缓慢。

（3）土地流转使用权流转数量小，不正式的农地使用权流转多，农地使用权流转的区域差异显著。

衣保中等在以吉林省为样本的研究论文中认为[②]，近年来，随着农村生产力水平和市场化程度的提高，工业化、城镇化步伐的加快，加速了"三农"裂变和农村经济结构的转型，推动了土地流转和规模经营。然而在参与流转土地中，农户转入的土地多是村里的机动地和因故外出户的土地。农地流转多以农户自发流转为主，对于土地流转，不正式的流转居多，大多是通过农户间自行协商决定流转的方式和补偿的办法进行，村集体一般不介入，也不干预双方自愿达成的经济补偿关系，只是对定购粮、双提留的着落和耕地是否撂荒等进行一些必要的管理。农地流转的规模和各地区经济发展程度呈正相关。

陈万军[③]在探析现阶段农村土地流转现状的问题上认为，农村土地流转虽然有了起步，但由于起步晚，进度较慢，农业产业化经营程度较低，工作过程中还存在一些问题，其中表现之一就是合同上的不规范。一是合同化程度不高；二是合同条款不全，基本上没有按照《土地承包法》土地承包经营权流转合同的一般要求条款签订相应的

---

① 刘春艳：《对农村土地流转问题的讨论》，《中国高新技术企业——和谐发展论坛》，第 156 页。

② 衣保中、张凤龙：《吉林农村土地流转和农村劳动力转移的相关分析》，《农业科技管理》2008 年第 4 期。

③ 陈万军：《探析现阶段农村土地流转现状》，《现代农业科学》2008 年第 8 期。

合同；三是没有统一格式的合同，所签合同不规范，双方责任不明确，内容不符合法律规定，易产生合同纠纷。

（4）相关法律法规等制度的不健全导致土地流转存在很大问题。

于合军等①认为现行农村土地制度存在的矛盾和问题，主要有：一是产权不清晰。从农村土地的所有权主体来看，除法律规定属于国家所有的以外，农村土地属于农民集体所有，分别由乡镇集体经济组织、村集体经济组织、村民委员会、村民小组等代表集体行使所有权。农村土地产权主体模糊。二是承包经营权流转不顺畅。三是法律法规体系不完善。

此外，户籍制度改革、农村综合配套改革以及支农惠农措施等制度和政策调整，使农村土地制度和经营体制的环境正在发生深刻变化。农村家庭人口自然增减，不同家庭人均承包耕地面积呈现持续扩大趋势；大量农民转移就业，造成投入降低、粗放耕作甚至弃耕、撂荒等问题；同时，城镇化和工业发展大规模征用耕地，土地征用制度不科学，导致土地承包纠纷不断增多。

孔祥建认为，"土地产权明晰化是农村土地制度改革的最终选择"②。他认为现行农村土地承包制没有从根本上解决农民的土地财产权问题，应该称之为"不彻底的土地产权"改革，或者叫作"半截子土地产权"改革。其主要表现在：①集体土地所有权的模糊，因而造成一系列问题：土地权属纠纷、土地家庭承包制的不规范、征地补偿费用不标准、不合理分配、农民宅基地不合理占用、土地使用权尤其是非农集体土地使用权的流转问题及农民的权益问题，等等。②农民没有拥有对土地真正意义上的物权。农民对土地只具有经营权、有限的租让权和收益权，不具有转让权、抵押权、继承权、赠与权等。③国家作为超级经济主体，在集体土地所有权之上控制处置权，以法律、行政手段广泛而深入地介入农村地权关系。④农村土地使用权是债权还是物权，性质不明，农民没有稳定的财产预期。因而土地流转

①　于合军、潘兴良：《我国农村土地制度改革方向探讨》，《贵州财经学院学报》2008年第5期。

②　孔祥建：《土地产权明晰化是农村土地制度改革的最终选择》，《农业经济》2008年第9期。

和土地市场运作缺乏产权基础。⑤农村集体建设用地使用权流转不普遍，农用地使用权流转受到很大限制，缺少中介组织及流转有形市场，土地要素功能难以体现，资源配置效率低下。

对于土地流转的现存问题，政府部门也表示制度问题值得重视和解决。国土资源部政策法规司有关领导表示，虽然20世纪80年代出台的《土地管理法》提出我国要实行最严格的土地管理制度。不过，目前我们还没有建立起一套非常完善、跟市场经济完全接轨的土地管理制度。其中有三个制度基本没有建立起来：一是非常明晰的产权制度，无论从国有土地来讲还是集体土地来讲；二是利用经济手段对调整土地资源的补偿制度；三是对土地资源使用管理的责任体系。在这三个制度中，处于逻辑起点的是土地产权制度。

倪宏敏认为，在大部分农村地区，土地流转机制不健全且缺乏科学性。使得土地流转手续和流转程序不规范，土地流转因缺乏监督造成耕地流失等状况时时出现。且农民实际操作的随意性大，缺乏相关的法律程序，往往无正式的流转合同或不到相关土地管理部门备案，甚至出现口头协议。

陈广华、徐超[1]认为，农村住房进行反向抵押存在法律上的障碍：一是宅基地使用权财产属性的缺失使得抵质押权难以实现；二是宅基地使用权的期限不明确，难以对其市场价值进行评估；三是住房反向抵押规则与现有农村住房抵押规则相冲突，受让人范围限制较大。

综上所述，目前农村土地制度存在的问题，有些是制度本身的缺陷造成的，有些是操作不规范导致的，还有一些是经济社会环境变化引起的，这就需要进一步探讨针对的对策问题。

第三，完善农村土地流转制度的对策研究。

魏东[2]主张创新农村土地产权制度设计，他主张农村承包地仍然实行公有制，在现有产权制度基础上强化和明晰"农民集体"所有，给农民限制性物权；对农村宅基地，应给予农民完整的物权，实现农

---

[1] 陈广华、徐超：《农村住房反向抵押的法律障碍与实现路径研究》，《南方金融》2020年第3期。

[2] 魏东：《农村土地产权制度改革探讨》，中国学术期刊电子出版社2008年版，第71页。

民宅基地和房屋产权统一。具体包括：一方面是承包地产权设计，即明确界定"农民集体"范围；强化农民承包地用益物权；放权农村土地承包管理；增强农村承包土地稳定性；建立农村土地有偿退出机制；适度放宽农民承包土地经营权。另一方面是农村建设用地产权设计。包括：农民宅基地物权化。农村宅基地是农民的政策福利，按照福利均等的原则，给农民享受标准内的宅基地赋予完全所有权，颁发农民宅基地所有权证或房地产权证，让农民的房屋真正成为农民的财产，可以出租、买卖、抵押、赠与、继承。对宅基地物权化政策出台前祖辈遗留或以其他形式获得的超过宅基地享受标准的，仍界定为集体所有土地，发给使用者土地使用权证，纳入农村集体建设用地管理；对购买、赠与、继承等方式获得持有宅基地所有权证书的宅基地，纳入私有财产管理，不影响农民享受宅基地福利政策。

落实农村集体建设用地流转措施。国家应按照农村集体建设用地与国有土地同地、同价、同权的原则，废止禁止农村建设用地流转法律条款，尽快出台《农村集体建设用地流转办法》，规范农村集体土地使用权流转原则、条件、审批程序、收益分配及权属管理办法。

张振朋、曹小会①则认为对土地制度的改革，在公有制框架内实行股份制就是一种很好的制度安排。所谓土地股份制，就是在集体所有制基础上，把土地产权分解为土地股权、经营权和使用权，让农民拥有土地资产的股权，集体经济组织（需要根据市场和农民的要求自主建立）掌握土地经营权，土地租佃者享有土地使用权。土地量化为股权均等分给农民，这样，农民成了土地的所有者，集体经济组织变成了经营者。所有权主体和经营者主体相互换位，过去集体所有、农户经营的双层体制被改良更新为农户所有、集体经济组织经营的新双层体制。土地股份制是在农村集体产权制度下的改良更新，不会改变以家庭承包经营为主的多种经营形式，而只会促进经营形式的多样化发展。

---

① 张振朋、曹小会：《农村土地制度改革——对土地股份制的分析》，《今日南国》2008年第7期。

"实行土地集体所有制，使用权永远归农民私有，也就是使用权物权化"①，继续维持现有的土地集体所有制不变，企图在此基础上进行一些诸如把使用权物权化、制定征地程序、加大征地补偿和尊重土地使用者权益之类的次生改革，以达到缓解因土地问题引发的社会矛盾和冲突的目的。

孔善广提出"实行土地私有制"②，改革现有的土地集体所有制，把土地还给农民，同时实行一些配套的改革措施。

陈明星、肖兴萍提出"实行土地国有私营"③，就是将农村集体所有的土地平均分给农民；在此基础上，取消集体所有制，将土地收归国有；农民可在原为集体所有、现为国家所有的土地上自由耕种、租借或买卖土地使用权；国家永不再以行政权力无偿地中止、调拨或干涉农民对土地的正常使用。

孔祥建④在总结了上述观点之后又提出可以把我国广大农村大致分为环城市相对发达区域和偏离城市的欠发达区域。他认为环城市发达农村区域可实行土地（包括集体财产）私有化基础上的股份公司制；欠发达农村可实行土地私有制。

在加强土地流转制度建设，促进农村土地机制创新方面，申智玲认为应该大力培养农村土地市场，建立符合市场经济要求的土地流转机制。一是探索建立土地使用权转让机制，允许农村土地在一定范围内流转，并通过市场机制形成合理的土地转让价格。二是培育和发展各种类型为土地流转提供服务的中介组织。三是建立调节机制，防止土地使用权过于集中，以调节土地流转过程中的垄断和不公平现象。还应该有效发挥政府和村集体的职能。市场发展盲目性、自发性、滞后性，尤其是我国农村的土地市场还很落后。因此，政府要对土地流

---

① 《从与国有企业改革的对比中看中国农村土地产权制度改革》（http://chenxiangli-usu. bokee. com/821852. html）。

② 孔善广：《农村土地股份化和私有化分析》（http://www. china va lue. net/a rticle/12822. html）。

③ 陈明星、肖兴萍：《国有私营：中国农村土地制度改革的方向》，《当代经济科学》1995 年第 6 期。

④ 孔祥建：《土地产权明晰化是农村土地制度改革的最终选择》，《农业经济》2008 年第 9 期。

转进行宏观调控。

李兆能也认为应大力培育农村土地市场，建立符合市场经济要求的农村土地流转机制。根据土地闲置时间长短，制定不同闲置年数的土地流转收益率。同时建立土地价格的反馈机制，制定土地流转的产业化发展政策，对于合乎农业产业化和土地流转政策导向的土地流转在税收上可以采取优惠措施，以优化土地资源流转的宏观效益。通过逐步建立市场化的土地流转价格制度推动土地资源的合理配置。因地制宜地建立多元化的流转价格体系，通过土地流转价格来调节土地的利用结构。同时，根据市场供求、宏观经济运行状况和土地受让方的投资变化，在研究受让方承受能力的情况下，适时进行流转价格的调整，以便更好地反映土地的动态价值变化。把各种流转方式纳入规范化管理，确保交易双方权利和义务明晰。在有条件和土地交易活跃的农村地区设立土地交易中心，统一办理土地出租、租赁的咨询、权利认证、收益结算；逐步试验和推进土地股份化折股的创新形式，发行的土地股份的转让、抵押、并购、流转收益等的结算等工作围绕着土地流转迅速快捷的中心目标而展开，有关部门积极办理土地托管、信贷、抵押等多种形式的业务。

在和谐发展论坛上，众多学者也提出了要通过市场机制实现农地流转。专家们认为我国土地有效流转的关键在于"土地的有偿使用和有偿转让"。国家不定期统一调整土地的做法，实际上使稳定承包关系或"一定若干年不变"成为一纸空文，农民作为独立的商品生产者的权益得不到尊重和保护。拥有土地所有、承包、使用权，就是拥有一份经济利益和经济收益权，在无偿使用、转让的情况下，人们一般不会放弃归自己所有、承包或使用的土地，即使不愿耕种或无力耕种也是如此，如果实行土地的有偿使用和有偿转让——短期出租土地使用权的确能拿到租金，农户就可能出租；转让农地使用权能拿到地价，农户就可能转让。这样，建立起农地市场，的确能把农地使用权当作商品来经营。农民从自身利益出发，便会自觉自愿地将自己不愿耕种或无力耕种的土地及时转让出去，便可能促进土地适当集中和规模经营。

邓超①认为要逐步建立起农村的社会保障体系，弱化农地保障功能，真正为农民解除放弃承包地的后顾之忧，促进农业劳动力的彻底转移，实现农地资源的高效配置。农村社会保障体系包括农村社会保险、社会救济、社会福利、优抚安置、社会互助，以及发展和完善农村合作医疗制度等。

许亚芬②提出逐步完善农村社会保障机制，尽快把已经放弃经营土地、进入城市就业的农民纳入城镇社会保障体系，实现与城镇社保的对接，避免二次返乡"与民争地"。加大对农村社会保障的财政投入力度，探索建立农村人口养老保险制度，进一步扩大新型农村合作医疗制度覆盖范围，促进最低生活保障体系向农村延伸。对于已经流转土地的农民，要引导他们从土地流转收益中拿出部分资金，建立个人基本医疗和养老保险，提高自我保障能力。

除了上述观点之外，从法律角度探讨土地流转制度改革的学者也有很多。立法改变土地权的契约性质或债权性质，以具有严格物权法意义的土地使用权取代土地承包权，即承包权物权化，使农民的土地财产权在独立性和明确性上有所保障，使农民真正享有占有、使用、收益和处分四权统一的承包经营权。另外还要制定土地使用权流转的相关法规，明确规定流转的原则、形式、期限、工作程序、使用权的确认、管理机构及其职责，以及各方面的权利、义务、纠纷处理及法律责任，并对出让费管理、流转合同文书、档案等作出明确要求，真正使土地流转走上法制化、规范化轨道。

健全土地流转相关法律法规，保证流转过程的程序化。目前，我国关于农村土地的法律颁布实施了许多，但仍无法应对复杂的土地流转市场。完善的农村土地流转法律保障体系，为其改革提供良好的法律环境。这有利于在土地流转过程中明确农民转让土地使用权的权利与义务，使流转程序更规范，避免任何组织与个人轻易地侵犯农民的合法权益。

---

① 邓超：《关于新农村建设中土地流转问题的思考》，《现代农业科技》2008 年第16 期。

② 许亚芬：《制约农村土地流转的主要因素及对策》，《内蒙古农业科技》2008 年第3 期。

加快完善农村土地法律法规体系。抓紧修订《土地管理法》《土地承包法》《物权法》以及农村土地相关法律法规，消除法律法规在农村土地制度规范上的冲突，明确原有农村土地所有权主体、权能等方面的模糊规定，并为深化农村土地制度改革留有法律空间。在此基础上，率先在经济特区、国家改革试验区推进农村土地制度改革试点，就农村土地使用权市场定价机制、价值评估制度、使用权流转机制，以及农村土地使用权转让、抵押担保、出资入股等重大问题进行试验，条件成熟后制定统一的土地法典，将城乡土地的产权归属、产权功能、权利义务、使用权流转程序等纳入一部法律。同时，修订《公司法》《担保法》等相关法律，逐步形成以宪法为原则、城乡土地法典为主体、相关法律法规有效衔接配套的土地法律法规体系。

忻梅①提出要重构土地立法价值体系并确立科学发展的制度基础。构建切实保护土地资源和促进社会经济可持续发展的土地制度体系。制度建构首要解决的是理念追求，需要一种源自实践的正确的价值选择作为当前我国土地制度建构的理性基础。她指出应该构建立法理念：一是法治社会里普适性的价值追求；二是我国的土地国情；三是宪法作为法制的纲领它是下位法的立法依据；四是中共十六届二中全会通过的《中共中央关于完善社会主义市场经济体制若干问题的决定》。

在土地流转上还要重视政府在其中对规范操作，职能管理等方面的作用，许多学者对此也提出了自己的看法。

潘兴良指出正确划分政府和市场在农村土地管理中的作用。进一步转变政府职能，减少政府对农村微观经济主体的干预，发挥市场促进农村土地资源优化配置的作用。政府应主要通过制定法律法规、土地利用规划等，调控农村土地用途的结构，保证国家粮食安全；依法进行农用地转用审批和监督检查，维护农村土地使用权市场秩序；出台相关政策，引导农村土地集约化经营，转变农业发展方式。农村土地产权交易、土地资源配置等，应在完善市场规则的基础上逐步交由市场机制解决。

---

① 忻梅：《重构我国土地立法的价值体系》，《北京行政学院学报》2007 年第 5 期。

明确政府在土地流转中的角色。农村土地流转的市场化趋势，意味着政府行政干预的减少。政府充当好土地流转的监督者和引导者，重视市场在农村土地流转过程中的基础性地位以及农民在此过程中的主体地位，坚持自愿有偿原则，不加任意干涉。有利于创造良好的农村土地流转环境，确保土地流转的科学性和合法性。

王春超等[①]认为，准确定位政府在土地流转过程中的角色，进一步明确各部门的土地管理和服务的职能。各级政府宜加强土地流转的立法工作和土地流转办法、程序等规章制度的建设，使土地流转法制化、规范化、秩序化。以法律法规的形式，明确土地使用者的权利和义务以及各项权能，增加出让人和受让人对土地流转的信心，稳定农民对土地收益的预期。对于农民土地权利的界定、土地流转的补偿标准、土地流转的管理、土地纠纷的处理等基层难以解决的问题，用法律法规的形式加以规定，促使农户形成稳定的制度预期。建立健全土地流转市场运作立法、执法和仲裁工作，完善交易规则、交易程序和手续。进一步加强政府土地管理部门依法行使土地管理权利的职能，使其享有土地管理的宏观调控权。在农村基层设立土地巡回法庭和仲裁机构，专项处理土地流转中出现的问题。同时，对现有法律法规中存在的保护基本农田与促进土地流转相互矛盾的情况，应根据实际状况，出台可操作性法规和实施细则，促进土地流转走上健康的法制化轨道。

段莹、李冰、辛林[②]提出宅基地自由流转、有偿使用的规制办法，一是有偿使用宅基地。想要实现宅基地有序流转，必须通过设置有偿机制的方法，以此建立统一的退出机制和取得机制，从而将宅基地流转买卖纳入社会主义市场体系中，利用我国完善的市场监管手段来应对乱象，将宅基地流转买卖行为置于法律的牢笼中。二是有偿使用宅基地的主体。在集体内部继续坚持宅基地初始取得无偿。出于本集体的利益考量，对外流转的应当对集体缴纳一定额度的土地使用费。三

---

① 王春超、李兆能：《农村土地流转中的困境：来自湖北的农户调查》，《华中师范大学学报》（人文社会科学版）2008年第4期。

② 段莹、李冰、辛林：《实现农村住房财产权的法律研究》，《农业经济》2020年第4期。

是收取宅基地使用费。由农民缴纳土地出让金，同时负责办理出让手续，以此作为出让的前提条件。农民可以转让宅基地使用权，但必须符合上市流转的前提条件。四是设置使用期限。同作为住宅用地，将农村宅基地使用权期限类比城市住宅使用期限规定为 70 年，设置类比的续期制度，使城乡住房市场一体化。

综合以上各种观点，笔者认为要建立通畅的土地流转渠道，完善土地流转制度，应该加强国家的宏观调控和管理，同时创新土地流转形式，进一步明晰土地产权，通过完善土地流转的市场体系促使土地流转，另外要加强法律制度的建设，逐步建立农村社会保障体系，为农村土地流转提供法制保障。

（四）宅基地管理研究

1. 农村宅基地的含义

宅基地指"建了房屋、建过房屋或者决定用于建造房屋的土地，包括建了房屋的土地、建过房屋但已无上盖物，不能居住的土地及准备建房用的规划地三种类型"[①]。

宅基地使用权是指"自然人依法取得的在国家或集体的宅基地上所享有的建造房屋、居住使用的权利，宅基地包括建筑物的基地及附属于建筑物的空白基地，一般是指自然辅助用房、庭院和历年来不用于耕种的生活用地及生活用房中的生产场地。宅基地的使用权也应及于地下"[②]。刘俊在《中国土地法理论研究》一书中定义宅基地使用权，"是指农民以户为单位利用集体所有的土地，在规定的地点享有建筑用房、添置生活设施、在庭院种植树木、永久居住的权利"[③]。

许经勇认为："农村宅基地是已经和准备用于建房的土地。农村宅基地是由符合条件的集体组织成员从该集体组织无偿获得，其上建

---

① 张荣喜：《大力推行农村宅基地改造促进土地的节约集约利用》，《节约集约用地——促进经济社会可持续发展》下册，中国大地出版社 2009 年版，第 623 页。

② 张荣喜：《大力推行农村宅基地改造促进土地的节约集约利用》，《节约集约用地——促进经济社会可持续发展》下册，中国大地出版社 2009 年版，第 623 页。

③ 刘俊：《中国土地法理论研究》，法律出版社 2006 年版，第 317 页。

设的住房属于自给性质和保障性质。"①

2. 农村宅基地的管理现状

近年来随着农村社会经济的不断发展壮大，社会主义新农村建设的不断推进，农民要求改善居住条件和环境的愿望越来越迫切。林春法在《浅谈农村宅基地的节约集约利用》一文及姜纪松、王衫中在《农村宅基地整理空心村整治调研报告》中均提到，关于农村宅基地利用现状有以下特点：人均占用建设用地严重超标；"空心村"现象极为严重；一户多宅现象普遍存在。

吴远来在《农村宅基地产权制度研究》一书中提出："我国宅基地利用现状问题突出，其一，农村宅基地大量闲置与宅基地持续扩张并存；其二，一方面农民违法扩占宅基地。另一方面地方政府压缩农民宅基地权利；其三，国家逐步限制宅基地交易，但地方政府、农民在宅基地产权制度创新方面又有不同的利益要求；其四，城乡差距日益扩大，三农问题依然严峻。"②

许经勇认为："我国农村宅基地制度形成于城乡二元体制条件下，城市居民住房由当地政府或所在单位以实物形式供给，农民住房由农民自行筹建。我国农业集体化后，农村土地由私人所有转变为集体所有，农民住房建设所需土地只能依赖集体组织分配，宅基地所有权归集体，使用权属于个人，只有该集体组织成员可分享宅基地使用权。农村宅基地只能用于建造自给性住房。农村宅基地使用权具有社会福利保障性质，农村宅基地仅具有自然属性，不具商品属性，不可转让或进入市场。"③ 根据自然资源部公布的数据，截至 2015 年年末，全国农村居民点用地已达 2.85 亿亩，2006—2014 年，农村常住人口减少 1.6 亿人，但农村居民点用地却增加 3045 万亩，约 20% 的农村住房常年无人居住。"一户多宅"现象普遍，而新产生的农户（分家）分不到宅基地。

---

① 许经勇：《深化农村宅基地制度改革赋予农民用益物权》，《农业经济管理》2019 年第 1 期。

② 吴远来：《农村宅基地产权制度研究》，湖南人民出版社 2010 年版，第 3 页。

③ 许经勇：《深化农村宅基地制度改革赋予农民用益物权》，《农业经济管理》2019 年第 1 期。

3. 农村宅基地管理存在的问题

关于农村宅基地管理中存在的问题，绍新城在《浅析温州市农村宅基地整理》一文中分析了温州市的现状，指出存在的问题有："居民点布局分散零乱，难以大规模开展；农村宅基地整理成本逐年增加，建设资金难以落实；农村居民对宅基地整理缺少积极性；土地空间置换难度较大；现行政策规定对宅基地整理工作的影响；土地整理专业技术较为落后。"① 彭郭英在《推进农村宅基地整理促进节约集约用地》一文中分析认为："村庄规模小，居住分散；庭院面积大，土地浪费惊人；一户多宅，闲置、废弃地多；乱搭乱建，集体土地资产流失严重。"② 陈杰在《节约集约用地与农村宅基地改造初探》中指出了农村宅基地散、乱、差、低的现状。《强化农村宅基地管理的对策和措施》的作者陈建伟、《大力推行农村宅基地改造促进土地的节约集约利用》的作者张荣喜、《浅谈农村宅基地的节约集约利用》的作者林春法以及《农村宅基地整理"空心村"整治调研报告》的作者姜纪松和王衫中分别以不同案例，总结得出相近的结论，归纳为以下几点：审批制度不健全，超标用地严重，土地利用率低；村镇规划不到位，空心村现象严重；一户多宅，房屋空置现象突出；疏于管理，宅基地管理政策未到位等。

徐文军在《浅议农村宅基地管理存在的问题及对策》中对宅基地现状概括为："农村宅基地建房无序，规划管理滞后；宅基地制度设计存在缺陷，破坏法制统一；农民建房越来越难，影响城乡和谐发展；宅基地面积大，密度低，布局分散，土地集约利用率低；宅基地流转困难，地下交易频繁。"③

时菊红④认为，我国农村宅基地建设存在缺乏规划、布局散乱、

① 绍新城：《浅析温州市农村宅基地整理》，《节约集约用地——促进经济社会可持续发展》上册，中国大地出版社 2009 年版，第 158 页。
② 彭郭英：《推进农村宅基地整理促进节约集约用地》，《节约集约用地——促进经济社会可持续发展》上册，中国大地出版社 2009 年版，第 304 页。
③ 徐文军：《浅议农村宅基地管理存在的问题及对策》，《节约集约用地——促进经济社会可持续发展》下册，中国大地出版社 2009 年版，第 891 页。
④ 时菊红：《浅谈如何规范农村宅基地的管理》，《国土资源》2012 年第 3 期。

违法占地现象普遍、监督管理困难等问题。

李辉、宋智勇[1]认为，农村住房和宅基地管理的问题主要有：空心村现象严重，占用大量耕地、超过宅基地面积规定，布局分散零乱，环境卫生状况落后，存在大量违章建筑。

陈基伟、徐小峰、章晓曼[2]认为，农村住房和宅基地管理主要问题表现在以下方面：在规划安排上，缺乏对农村地区相关的产业引导；在资源配置上，缺少统筹兼顾的用地保障措施；在用地管理上，缺少对布局优化的有效供地手段；在用途管理上，缺乏灵活的应对措施。

4. 农村宅基地管理存在问题的原因

林春法在《浅谈农村宅基地的节约集约利用》中分析影响农村宅基地节约集约利用的原因有："农村建设规划严重滞后；农村对宅基地的私有观念根深蒂固；'一户一宅'的法律政策执行难；农民宅基地缺乏归还补偿机制；农村经济实力有限，'空心村'改造实施难。"[3] 而姜纪松、王衫中专门针对"空心村"的形成分析了原因："村庄公共设施缺乏促成农民外迁；农民进城居住数量增多；旧宅基地、空闲地调整难度大；规划管理滞后；农村所有权人对土地利用调控力不强；相关法规制度不够完善。"[4] 进而分析宅基地整理，"空心村"整治存在问题有："缺乏有力的组织保障；缺乏资金支持；缺乏可操作性的法律条文；超占抢占宅基地行为查处难。"[5]

吴远来认为："从产权经济学分析，这些问题的深层原因在于农村宅基地产权不明晰，农民宅基地产权残缺，国家、农民集体和农民的宅基地权利没有确定的权利边界。国家、农民集体和农民都在扩充

---

①　李辉、宋智勇：《城镇化进程中农村住房问题研究》，《农业考古》2014 年第 3 期。

②　陈基伟、徐小峰、章晓曼：《农村宅基地的多元利用》，《中国土地》2018 年第 8 期。

③　林春法：《浅谈农村宅基地的节约集约利用》，《节约集约用地——促进经济社会可持续发展》下册，中国大地出版社 2009 年版，第 657 页。

④　姜纪松、王衫中：《农村宅基地整理"空心村"整治调研报告》，《节约集约用地——促进经济社会可持续发展》下册，中国大地出版社 2009 年版，第 697 页。

⑤　姜纪松、王衫中：《农村宅基地整理"空心村"整治调研报告》，《节约集约用地——促进经济社会可持续发展》下册，中国大地出版社 2009 年版，第 697 页。

自己的宅基地权利，在市场经济环境下，宅基地权利人的利益倾向不一。"①

时菊红②认为，我国农村宅基地建设存在问题的原因有：农民法律意识淡漠，土地管理机制滞后，土地规划偏离实际等。

5. 完善农村宅基地管理的对策

朱宝琦在《农村宅基地现状分析与综合管理建议》一文中提出加强农村宅基地综合管理的对策和建议："建立农村宅基地有偿使用和转让制度；对新增宅基地进行严格的审批；各级政府必须'眼睛向内'抓挖潜；制定并严格执行科学的规划；精心培育全面小康示范村样板；加大集体土地托浮力度；加强领导，建立相关领导干部责任制。"③

陈建伟在《强化农村宅基地管理的对策和措施》中提出如下建议："加强村政建设的规划管理，严格宅基地审批全程管理；积极开展农村宅基地整理；创新融资机制，为新农村建设拓宽筹资渠道。"④

张荣喜在《大力推行农村宅基地改造促进土地的节约集约利用》中认为推进农村宅基地改造的措施有："加大宣传，更新农民的宅基地所有权观念；完善法规，尽快制定《农村宅基地"一户一宅"管理实施细则》；强化管理，做到依法集约规范用地；严格规划，控制用地总量；规范操作，着力加大旧村改造力度；对农村空闲宅基地进行合理开发，充分盘活存量建设用地。"⑤

韩佩芬在《浅析农村宅基地利用现状、存在问题及对策》中建议"加强村级职能机构管理，进一步发挥农村民间自治组织的作用；建立统一的农民不动产登记制度，加快宅基地登记发证工作步伐；加大违法用地的执法力度；立足内涵挖潜，积极推进农村宅基地整理，推

① 吴远来：《农村宅基地产权制度研究》，湖南人民出版社 2010 年版，第 3 页。
② 时菊红：《浅谈如何规范农村宅基地的管理》，《国土资源》2012 年第 3 期。
③ 朱宝琦：《农村宅基地现状分析与综合管理建议》，《节约集约用地——促进经济社会可持续发展》下册，中国大地出版社 2009 年版，第 530 页。
④ 陈建伟：《强化农村宅基地管理的对策和措施》，《节约集约用地——促进经济社会可持续发展》下册，中国大地出版社 2009 年版，第 609 页。
⑤ 张荣喜：《大力推行农村宅基地改造促进土地的节约集约利用》，《节约集约用地——促进经济社会可持续发展》下册，中国大地出版社 2009 年版，第 628 页。

进新农村建设；建立规范、有序的农村宅基地市场体系"①。

赵焕祥在《农村闲置宅基地复垦面临的问题及对策》中提出以下建议："实行宅基地有偿使用，实施供给'双轨制'；建立利益导向机制，确保复垦者法律地位；科学制定村镇建设规划，落实农村节地措施；精心筹划周密部署，创新宅基地复垦机制。"②。

徐文军在《浅析农村宅基地管理存在的问题及对策》中对加强农村宅基地管理的对策和建议有："加强宅基地法律法规的建设和完善；加强宅基地规划管理，逐步推进村民住宅建设；严格宅基地审批制度，减少土地资源浪费；逐步建立农村宅基地流转制度；加强地籍管理，推进宅基地登记发证工作；加大宅基地整理，提高土地利用率；理顺体制，充分发挥基层国土部门的监管作用。"③

陈基伟、徐小峰、章晓曼④提出了空闲农房和宅基地多元利用的三种模式：农房活化模式、宅基地综合整治模式、零星宅基地转型模式。并提出了具体建议，加强村庄规划与相关规划的衔接，创新宅基地指标管理制度，探索集体组织收储机制，推进空闲农房和宅基地的盘活利用。

付尊严⑤提出我国农村宅基地制度改革的方向：一是界定宅基地用益物权，完善农村宅基地权利体系；二是改革现行宅基地取得制度，实现宅基地的资本化；三是改革村庄规划和用途管制，完善宅基地管理制度。

许经勇提出："我国农村宅基地制度改革目标是以用益物权法为依据，通过深化改革，因势利导地改变宅基地凝固性，增强宅基地流动性，扩大宅基地权能，让用益物权人（农户）依法享有占有权、使

---

① 韩佩芬：《浅析农村宅基地利用现状、存在问题及对策》，《节约集约用地——促进经济社会可持续发展》下册，中国大地出版社 2009 年版，第 817 页。

② 赵焕祥：《农村闲置宅基地复垦面临的问题及对策——以兰溪市为例》，《节约集约用地——促进经济社会可持续发展》下册，中国大地出版社 2009 年版，第 616 页。

③ 徐文军：《浅析农村宅基地管理存在的问题及对策》，《节约集约用地——促进经济社会可持续发展》下册，中国大地出版社 2009 年版，第 894 页。

④ 陈基伟、徐小峰、章晓曼：《农村宅基地的多元利用》，《中国土地》2018 年第 8 期。

⑤ 付尊严：《我国农村宅基地制度的形成及改革方向》，《广东经济》2017 年第 7 期。

用权、抵押权、转让权和收益权，有效提高宅基地利用率，以破解农民分化严峻挑战。"①

三 国外相关理论的研究

从国外的研究看，西方发达国家主要都是实行土地私有制，要开展农村宅基地集约开发具有制度障碍，同时，西方发达国家都属于城市化水平比较高的国家，普遍存在着城市市民向农村地区迁移居住的趋势，与我国城镇化快速发展的趋势正相反，所以学者们的研究侧重于农村土地的利用、农村住宅建设的影响因素、农村土地政策等。不发达国家的学者则开展了对农村住宅集约开发的研究。主要内容如下，西方主要国家的土地制度状况将在第四章介绍。

马克·斯科特②（Mark Scott，2007）在研究中对适应于爱尔兰农村地区的管理房屋的政策和计划过程进行了评估，认识到全面发展农村的计划实践中所面临的一系列挑战。概述了围绕农村住房增长的一些关键性问题，主要包括为农村住房环境的更大发展所做的评估。详细阐述了由于农村住房问题而引起的激烈争议，强调为了农村的可持续发展所做的各种有选择性的方法。从国家级的层面上考虑到现有的农村住房的政策框架，尤其把重点放在"国家空间战略体制"和近来发行的"农村住房可持续发展计划纲领"上。确定了管理农村住房的一系列地方性规划及将房屋政策与农村社区的可持续发展的广泛关注结合起来的有效性。

达菲认为促使农村住宅增加的因素包括许多农村地区人口恢复增长以及当地爱尔兰居民的习俗偏好。另一个原因是相对低廉的房屋价格，渴望乡村那样的居住环境，尤其是靠近城市地区的优势，流动人口的增加，农村地区平均住户数低以及转让所有权的增加。在供应方面，增加的有用场地是农村移居变化的主要驱动力，农民（在农业不景气的情况下）更愿意出售半英亩耕作地而发展房屋居住，在很多情

---

① 许经勇：《深化农村宅基地制度改革赋予农民用益物权》，《农业经济管理》2019 年第 1 期。

② Mark Scott, "Rural Housing: Politics, Public Policy and Planning", M. Norris and D. Redmond（eds.）, *Housing Contemporary Ireland*, 2007 Springer, pp. 344 – 363.

下,当地宽松的政策为农民出售土地提供了便利。

下,当地宽松的政策为农民出售土地提供了便利。

罗伯特·埃里克斯特①(Robert C. Ellicksont, 1993)介绍了欧洲的两种土地制度,即中世纪开放式牧场和多人家庭式。理查德·曼顿(2009)介绍了英国的农村土地利用未来的可能性。

凯瑟琳·英曼、唐纳德·麦克劳德、戴尔·曼克豪斯②(Katherine Inman, Donald M. McLeod, Dale J. Menkhaus, 2002)探讨了美国怀俄明州的萨布莱特县的三种类型农用地的使用和销售情况。大部分受访者认为,生产力即(灌溉型)的农村地貌应继续保留。对于有良好住宅条件的居民、大地主以及那些缴纳低赋税的人来说,他们更倾向于在偏僻的农业景观区进行农作的消遣方式。那些较富裕的和以农耕作为副业的受访者则更愿意将农用地作为住宅基地来使用。受访者都期望通过人口增长来支持土地售卖的方式来提高生活质量。如果没能通过增加人口的数量促进土地售卖,那些有这个想法的人就会离开这个城市。结果也同样适用于其他正在发展的西方国家,并且这个结果对于土地使用规划方案非常重要。

土地出售的原因,西方国家的农村土地出售行为是由政治和经济情势导致的,土地买卖受环境、经济和社会因素的影响。农场主会受土地价格因素的影响,因出售农村宅基地比经营传统农场获利更多而选择出售宅基地,农村住宅的发展也带动农村服务和基础设施的需求。

杰志·邦斯基、莫妮卡·威索劳斯卡③(Jerzy Bański, Monika Wesołowska, 2010)在研究中,以波兰卢布林的农村地区为例,研究了农村宅基地集约开发的影响因素,认为空间位置(距离城市的远近)、地理环境和非农产业的发展具有重要的影响,他认为,集中建

① Robert C. Ellickson, "Property in Land", *The Yale Law Journal*, Vol. 102, No. 6, Apr., 1993, pp. 1315 – 1400.

② Katherine Inman, Donald M. McLeod, Dale J. Menkhaus, "Rural Land Use and Sale Preferences in a Wyoming County", *Land Economics*, Vol. 78, No. 1 (Feb., 2002), pp. 72 – 87.

③ Jerzy Bański, Monika Wesołowska, "Transformations in Housing Construction in Rural Areas of Poland's Lublin Region—Influence on the Spatial Settlement Structure and Landscape: Aesthetics", *Landscape and Urban Planning*, Volume 94, Issue 2, 28 February 2010, pp. 116 – 126.

设新建筑的决定性因素是它靠近城市中心的距离，以及它的面积大小。新住房建设的力度也与现有的主要交通路线息息相关。在一些本身就适合建造房屋的地区，新建筑房屋同样也被鼓励发展，从事那些与农业不相关的生计使新的发展成为可能。

四 　研究述评

专家学者对土地流转的研究，包括土地流转和农村土地流转的基本含义、农村土地流转的意义、现状、存在问题和完善对策措施，既有从理论层面探讨的，也有结合地方实际分析的，比较全面地反映了我国农村土地流转问题的研究现状。

由于土地流转问题是在我国改革开放向纵深推进的新的历史条件下，近几年呈现出来的重大理论和实践课题，我国开展这一方面的研究历史还不长，研究内容的深度和广度还不够，理论研究方面多侧重于土地产权制度的研究，对其理论依据深入探讨不够。广度上侧重对农村土地流转的一般研究，对农村土地流转的分类研究不够，特别是对农村宅基地如何流转、理论依据、发展趋势的研究不够。

关于农村宅基地现状及管理的研究，包括了农村宅基地和农村宅基地使用权的含义、农村宅基地管理的现状、存在的问题及其原因、完善农村宅基地管理的对策等方面，并且侧重通过某地的个案研究进行总结，分析一般特点。

目前学界对农村宅基地问题的研究相对比较少，并且侧重于实践中的个案研究，理论高度不够，实践中行之有效的经验、模式较少。

笔者将在总结学界研究成果的基础上，在农村土地流转这个框架内，选择农村宅基地问题，以个案研究为基础，站在面向城镇化、市场化和现代化的高度，探讨农村宅基地的管理开发建设。

第三节 　研究我国农村住宅建设的意义

一 　研究目的

农村宅基地使用权的流转和农村宅基地开发问题已经成为社会普

遍关注的问题，如何构建我国的宅基地流转制度，加快宅基地集约开发，对于维护农民合法权益、促进新农村建设具有重要的意义。笔者通过对四川省成都市和浙江省嘉兴市农村宅基地开发现状的调查分析，结合大量文献研究，得出要使农村宅基地合理流转、集约开发，必须要建立面向城镇化、市场化、现代化的土地流转制度和宅基地开发模式，这对于促进新农村建设，引导农村向城镇化、现代化发展具有重要的借鉴意义。

二　研究意义

土地是农业生产最基本、最重要的生产要素，是广大农民赖以生存的基本保障。土地资源行政配置、农村土地非市场化流转是耕地大量流失、城市规模无度扩张、土地生产力和利用率低、农业规模经营难以发展的根源，也是城乡差距日益扩大、农村发展落后、农民长期贫困的根源。创新土地管理制度，转变土地资源配置方式，加快农村土地市场化改革，明晰农村土地产权，培育并逐步建立农村土地流转市场，合理分配农地流转收益是解决问题的根本办法，对于完善社会主义市场经济，保护农民土地权益，促进农业、农村现代化，建设社会主义新农村，实现乡村振兴，具有重要意义。

在我国，农村人均宅基地面积呈逐年增大趋势，甚至出现严重超标现象（农民每户使用宅基地的标准由各省、市、自治区确定，一般为每户150平方米左右）。一方面，农村新建住房增多，占用了大量土地，而原宅基地则因为没有完善的退出机制而被闲置，违背了农用建设用地占补平衡这一原则；另一方面，城市建设用地、工业建设用地却占用大量耕地，人地关系紧张。闲置宅基地流转，其实质就是将农村闲置宅基地使用权通过复垦置换成城市建设用地指标，以缓解城市化和工业建设用地的需求压力，以及宅基地在农民与农民、农村与城市之间转让来提高闲置宅基地的利用效率，同时也是增加农民财产性收益的有效途径。本书认为，闲置宅基地使用权的流转，与配置效率的提高，农村集体建设用地使用权直接进入土地流转一级市场，使农民以土地为要素参与工业化、城市化红利分配，是增加农民财产性收益、统筹城乡发展和土地、资本等要素双向流动的重要途径。

土地资源是人类生存和社会经济发展极其重要的物质基础，中国是一个农业大国，农村人口占全国的绝大多数，人多地少是中国的基本国情之一。在今后较长一段时期内，我国仍将面临人口不断增加和人均土地持续减少的双重压力，而发达地区的"城中村"和城郊接合部的农村宅基地普遍存在的"土地隐性市场"，在法律规制之外无序流转。正确处理宅基地与经济社会发展用地、保护农民利益的关系，意义非常重大。因此，笔者关于农村宅基地合理流转和集约开发的研究对于建设社会主义新农村，构建社会主义和谐社会，推动乡村振兴，具有重大的理论与实践意义。

（一）实践意义

第一，有利于进一步推进农村土地集约开发利用，保护 18 亿亩耕地红线。

18 亿亩耕地红线，是我国的粮食安全生命线。近几年来，国家制定了越来越严格的农村土地管理制度，划定永久性农田，实行耕地先补后占、占补平衡，严格保护耕地。但同时，我国又处于城镇化的快速发展时期，城镇化建设又需要占用大量的土地，矛盾由此而生，出路何在？农村宅基地集约开发是其中的重要途径。

当前在我国农村，宅基地管理存在不少问题，农民一家多处、超占、荒废宅基地现象突出，为宅基地集约开发提供了现实可能性。通过集约开发，节约下来的宅基地，一部分可以补充非农建设用地，一部分可以通过土地整理复垦为耕地，确保耕地面积不会因为城镇化建设大面积缩减，从而实现确保 18 亿亩耕地红线的粮食安全目标。

第二，有利于进一步推进社会主义新农村建设和乡村振兴，实现"村容整洁"和"生态宜居"目标。

建设社会主义新农村是我国当前解决"三农问题"的重大战略，"生产发展、生活宽裕、乡风文明、村容整洁、管理民主"是新农村建设的指导思想和建设目标，"村容整洁"是农民优化居住环境，提高居住质量的基本要求。当前我国农村，农村居民点建设缺乏规划，农民居住分散，农村基础设施建设落后，居住环境脏乱，与"村容整洁"的要求还相差很远。有的地方开展小康村、文明村建设，正在向"村容整洁"的目标迈进。在"村容整洁"的基础上，建设美丽乡村，提升农村生态环境质量，走向"生态宜居"，满足农民进一步改善居住水平的愿望。通过农村宅基地的集约开发建设，可以进一步调动农民的积极性，引导农民在规划的宅基地区域建房，修建统一的基础设施，亮化、绿化、美化居住环境，提高居住质量，形成新型农民社区，逐步实现乡村振兴建设目标。

第三，有利于进一步推进农村现代化建设事业科学发展。

近几年来，我国广大农村贯彻落实乡村振兴战略，大力推进新农村建设，农村面貌发生了可喜的变化。在城乡一体化改革发展的新的历史条件下，面向城镇化、市场化、现代化，进一步推动农村宅基地集约开发建设，以城镇化引导农民在村镇住宅规划区域建设住房，集约居住。以市场化引导地方政府充分利用有关农村住宅建设和耕地复垦的经济激励政策，调动农民积极性，减少建房成本，最大限度发挥农村闲散资金的经济价值和社会价值。以现代化使农民通过宅基地开发、宅基地管理机制创新，建设农民住宅社区，引导农民逐步调整农村产业结构，在巩固农业基础地位的基础上，发展商业服务业、精品农业和现代工业，推动农村地区产业结构优化，不断美化居住环境，提高生活质量，向现代化的新农村迈进。

（二）理论意义

有利于进一步完善农村土地流转和宅基地管理的法制建设。通过探讨农村土地流转特别是宅基地流转开发所存在的法律制度缺陷，梳理现有法律制度中有关农村宅基地管理的基本内容，分析农村宅基地管理制度建设的发展趋势和方向，提出完善农村土地流转和宅基地管理的法制建设的具体建议，从而进一步推动农村宅基地流转在法制建设上的突破。

有利于进一步深化农村土地管理、开发利用研究。通过实地调研浙江省嘉兴市农村宅基地集约开发整理的典型经验，分析其成功经验的特征、具体措施和运行方案，概括其理论特点，形成具有推广价值、可操作性强的农村宅基地集约开发模式，丰富农村土地管理和开发利用的理论研究。

三　研究方法

（一）文献研究法

查阅相关文献，了解相关理论的研究现状，分析存在问题，找出理论创新点。通过查阅农村土地流转、农村宅基地管理方面的研究文献，了解农村土地制度的演进历程、农村土地流转、农村宅基地管理方面的研究进展，分析研究中存在的问题，为本书的理论研究奠定基础。

（二）理论分析法

运用相关理论分析研究中的理论和实践问题，为相关问题研究确定理论依据。本书运用土地资源管理、资源产业经济、城镇化、市场化、现代化和新农村建设的相关理论，分析农村宅基地管理、开发中的法制建设问题、观念问题、管理问题等，为对策研究提供理论论证。

（三）实践考察法

通过实地考察，了解典型地区的实际工作情况，总结经验，为相关问题研究提供实践依据。本书通过对四川省成都市和浙江省嘉兴市农村宅基地集约开发整理实际状况的典型调查，了解其实施特点，总结成功经验，提炼形成可供推广的有效模式，为建立农村宅基地集约开发模式提供实践论证。

（四）定性与定量结合分析法

通过定性分析确定研究课题的基本原则、一般特征和核心内容，通过定量分析研究课题的数量特征、具体特点和操作性内容。在此基础上，定性研究和定量研究相结合，构建研究课题的对策方案和系统模式。运用定性与定量结合分析法，探索面向城镇化、市场化、现代化的农村宅基地集约开发建设的一般原则、共同特点和主要内容，分析农村宅基地集约开发建设几种典型模式的量化特征和具体内容，在此基础上，构建面向城镇化、市场化、现代化的农村宅基地集约开发建设有效模式。

四　研究成果的创新性

关于农村宅基地管理、集约开发方面的理论研究多侧重于从土地管理制度建设、土地流转问题角度展开，农村宅基地开发方面一般限于总结和介绍某个地方的成功经验，缺乏一般分析和理论提升。

本研究的创新性体现在三方面：一是方法上注重点面结合，立足于四川省成都市和浙江省嘉兴市农村宅基地管理、集约开发的经验模式，又力图从面上总结提升，使地方经验上升为一般模式；二是通过梳理我国农村土地流转的法制内容，分析只允许农村承包地流转，不允许农村宅基地流转的法制缺陷：提出农村宅基地"自由"（以一户一宅为前提）流转的法制建议，推动农村宅基地流转的法制突破；三是以城镇化、市场化、现代化的三重视野，置于新的理论高度，追踪新农村建设发展的趋势，构建农村宅基地集约开发的有效模式。

第四章

农村宅基地管理开发的相关理论

　　面向城镇化、市场化、现代化的农村宅基地管理开发是一个多学科交叉运用的实践课题，需要运用土地管理学、城镇化、现代化、社会主义市场经济等理论指导和研究。

第一节　土地管理学

一　土地资源的概念

　　什么是资源？根据《辞海》的释义，"资源是资财的来源，一般是指天然的财源"①。马克思在分析资本主义剩余价值生产时曾指出，劳动力和土地是形成财富的两个原始要素，是"一切财富的源泉"②。

　　从管理的角度看，土地的含义有广义和狭义之分，广义的土地是指地球表面的陆地和水面的总称；狭义的土地是指地球表面的陆地部分，是由泥土与砂石所堆成的固体场所。③

　　土地作为重要的物质资源，构成土地资源。土地资源"是指土地作为自然要素，于现在或可预见的将来，能为人们利用并能产生经济效益的那部分土地"。作为财产的土地资源称为土地资产，具有稀缺性、有用性、可占用性和具有价值等特点。

---

　　① 《辞海》，上海辞书出版社 1979 年版，第 3286 页。
　　② 《马克思恩格斯选集》第 3 卷，人民出版社 2012 年版，第 988 页。
　　③ 参见陆红生、王秀兰《土地管理学》，中国经济出版社 2010 年版，第 1、4 页。

二　土地资源的功能

土地是宝贵的自然资源和资产，具有五种功能。负载功能，土地能将万物，负载其上，成为它们的安身之所；养育功能，土地具有肥力，具备适宜生命存在的氧气、温度、湿度和各种营养物质，使各种生物得以生存、繁殖、世代相传，使地球呈现出生机勃勃的景象；仓储功能，土地蕴藏着丰富的矿产资源，金、银、铜等金属，石油、煤炭等能源、沙、石、土等建材资源，为人类从事生产、发展经济提供了必不可少的物质条件；景观功能，土地自然形成的各种景观，秀丽的群山、奔腾的江河、无垠的沃野等，为人类提供了丰富的风景资源；储蓄和增值功能，土地作为资产，随着对土地需求的扩大，土地价格呈上升趋势，投资土地能获得储蓄和增值的功效。

因此，土地是人类物质生产活动中不可缺少的生产资料，它与劳动、资本一起构成生产的三要素，其中土地被称为"财富之母"。

三　土地管理的基本原理

作为资源的土地，需要管理，才能保证土地资源的有效利用。土地管理是国家在一定环境条件下，综合运用行政、经济、法律、技术等方法，为提高土地利用生态、经济、社会效益，维护在社会中占统治地位的土地所有制，调整土地关系，监督土地利用，进行的计划、组织控制等综合性活动。①

土地管理要遵循人本原理、系统原理、动态原理、效益原理等基本理论。其中人本管理认为，一切管理，包括土地管理，应该将人的因素放在第一位，以做好人的工作，充分调动人的积极性和主动性为根本。

我国土地管理的长期目标是，实现土地资源可持续利用和耕地总量动态平衡，提高土地利用的经济、生态、社会效益；中期目标是，保护耕地，实现耕地总量动态平衡。

我国土地管理的基本任务是维护社会主义土地公有制及土地所有

---

①　参见陆红生、王秀兰《土地管理学》，中国经济出版社 2010 年版，第 17 页。

者和使用者的合法权益，保护、开发、合理利用土地，切实保护耕地，促进社会经济的可持续发展。土地管理的现阶段任务是，加强耕地保护，实现耕地总量的动态平衡；加强土地资源的调查评价和科学规划；加强土地资源信息系统建设，实现信息服务社会化；深化改革，建立适应社会主义市场经济的管理新体制、新机制；健全法制，依法行政，建立和完善土地资源执法体系建设，实现土地管理秩序的根本好转。

我国土地管理的内容体系包括地籍管理、土地权属管理、土地利用管理、土地市场管理四方面。地籍管理包括土地调查和土地动态监测、土地资源评价、土地登记、土地统计、地籍信息资料的管理等；土地权属管理包括土地所有权、使用权等的审核和依法确认，土地权属变更管理，土地权属纠纷的查处等；土地利用管理包括编制和实施全国、省（市）、县、乡土地利用总体规划和专项规划；土地市场管理包括对土地市场供需、土地交易、土地价格、土地市场化配置等进行管理。四大内容相互联系，地籍管理是基础，土地权属管理、土地市场管理是手段，土地利用管理是核心，共同为实现土地管理的总目标服务。

土地权属管理，土地所有制是土地制度的核心，是指人们对土地的占有形式，是一定土地关系的基本制度。我国实行土地的社会主义公有制，即全民所有制和劳动群众集体所有制，土地不得买卖和非法转让。土地所有制决定土地使用制度，我国土地使用制度包括城镇国有土地使用制和农村集体土地使用制。我国的农村集体土地使用制是，土地属于农民集体所有，由本集体经济组织承包经营，也可由本集体经济组织之外的单位或者个人承包经营，农民的宅基地只能自己使用，不得买卖或非法转让。

土地利用管理，是国家按照预定的目标和土地系统运行的自然、经济规律，对土地的开发、利用、整治和保护所进行的计划、组织控制等工作的总称。土地利用管理依据的区位理论认为，区位指社会、经济等活动在空间上分布的位置。土地位置是固定的，各地段都处在距离经济中心不同的位置上。现代区位理论研究的核心是确定最有利的建设场所，选择最低成本的经营区位，适应人们生产、居住、旅行、休养的要求。土地区位理论可以有效地解决以下问题：确定土地面积在各用途、各部门之间的分配，优化土地利用结构，制定合理用地的政策和规划，确定土地的质量等级，确定不同位置地段的差额税率。土地利用要坚持生态平衡原则、最大经济效益原则、节约原则。

如何做好建设用地利用管理？建设用地是指建造建筑物、构筑物的土地，包括城乡住宅和公共设施用地、工矿用地、交通水利设施用地、旅游用地、军事设施用地等，建设用地利用管理要求控制建设用地供应总量，大力提高建设用地集约利用程度，保护和改善城镇生态环境，防止污染和其他公害，实施有利于建设用地内部挖潜的政策。提高建设用地集约利用程度可采取以下措施：一是确定城镇合理用地规模和布局，严格控制城镇盲目扩张；二是充分挖掘建设用地内部潜力，加强村镇改造建设，通过村镇改造，不仅为村镇建设提供了发展空间，还可退宅还田，增加耕地面积；三是进行土地置换，提高土地利用效益。

运用土地管理学的相关理论，分析农村宅基地管理开发，将宅基地作为农村重要的土地资源之一，分析其在农村土地利用整理、耕地保护、扩大工作中的重要地位和作用；运用土地管理的原理，分析农村宅基地管理工作中存在的问题，剖析其原因，探讨如何进一步完善农村宅基地管理工作；运用土地利用管理理论，探索农村宅基地集约开发工作中，土地集约利用原则的落实、土地集约利用的具体措施及建设用地管理的有效对策。

第二节　社会主义市场经济理论

对于社会主义市场经济的形成与发展，在此不再赘述。笔者认为要实现农村宅基地的合理流转必须要市场化，以社会主义市场经济理论为指导，充分发挥市场的调节作用，促进农村宅基地的合理高效流转。

社会主义市场经济体制是市场在国家宏观调控下对资源配置起基础性作用的一种经济体制，它是社会主义基本制度与市场经济的结合，既具有与其他市场经济体制的共性，又具有与其他市场经济体制不同的特征。

社会主义市场经济体制具有市场经济体制的共性，表现在：一是经济活动市场化；二是企业经营自主化；三是政府调节间接化；四是经济运行法制化。

社会主义市场经济特征，是指市场经济同社会主义基本制度相结合而形成的制度性特征，主要表现在：第一，在所有制结构上，以公有制为主体，多种所有制经济平等竞争、共同发展；第二，在分配制度上，实行以按劳分配为主体，多种分配方式并存，效率优先、兼顾公平；第三，在宏观调控上，国家能够把人民的当前利益与长远利益、局部利益与整体利益结合起来，更好地发挥计划与市场两种手段的长处。

社会主义市场经济理论聚焦两个基本层面。一是探索适应市场经济要求的体制改革、观念变革、制度环境、法制基础、社会保障、经济发展、对外开放等基本制度建设，属于社会主义市场经济的前提理论问题。二是探索市场主体、市场体系、市场机制、市场规则、宏观调控、保障体系等市场经济基本要素的系统构建，属于社会主义市场经济的核心理论问题。两个基本层面相互连接、彼此制约、并行不悖和有机统一，构成社会主义市场经济理论的研究对象。

社会主义市场经济理论由市场基础理论、市场核心理论和市场发展理论构成。市场基础理论探索市场经济与商品经济、市场经济与市场经济体制、社会主义市场经济与资本主义市场经济，以及计划与市场等基础理论及问题。市场核心理论探究社会主义市场经济的市场要素体系、结构的构建及其运行机理及问题。市场发展理论探索社会主义市场经济的延展机理及其氛围。三个方面理论构成及内容蕴含在两个基本层面的研究对象之中，与之相吻合，是研究对象的具体展开。

社会主义市场经济理论是中国实行社会主义市场经济并逐步建立和完善社会主义市场经济体制具体实践的能动反映，必须以中国特色社会主义理论为背景，以马克思主义经济理论为指导，以社会主义经济发展实践为基础，以借鉴、吸取西方经济学合理因素为方法，与资本主义市场经济理论相区别，凸显其理论构建的"中国特色"。

社会主义市场经济体制是同社会主义基本制度结合在一起的。建立社会主义市场经济体制，就是要使市场在国家宏观调控下对资源配置起决定性作用。为实现这个目标，必须坚持以公有制为主体、多种经济成分共同发展的方针，进一步转换国有企业经营机制，建立适应市场经济要求，产权清晰、权责明确、政企分开、管理科学的现代企业制度；建立全国统一开放的市场体系，实现城乡市场紧密结合，国内市场与国际市场相互衔接，促进资源的优化配置；转变政府管理经济的职能，建立以间接手段为主的完善的宏观调控体系，保证国民经济的健康运行；建立以按劳分配为主体，效率优先、兼顾公平的收入分配制度，鼓励一部分地区一部分人先富起来，走共同富裕的道路；建立多层次的社会保障制度，为城乡居民提供同我国国情相适应的社会保障，促进经济发展和社会稳定。这些主要环节是相互联系和相互制约的有机整体，构成社会主义市场经济体制的基本框架。必须围绕这些主要环节，建立相应的法律体系，采取切实措施，积极而有步骤地全面推进改革，促进社会生产力的发展。

同时社会主义市场经济改革要注意整体推进和重点突破相结合。改革从农村起步逐渐向城市拓展，实现城乡改革结合，微观改革与宏观改革相配套，对内搞活和对外开放紧密联系、相互促进，是符合中国国情的正确决策。重大的改革举措，根据不同情况，有的先制定方案，在经济体制的相关方面配套展开；有的先在局部试验，取得经验后再推广。既注意改革的循序渐进，又不失时机地在重要环节取得突破，带动改革全局。

以社会主义市场经济理论为指导，当前我国正处在进一步完善社会主义市场经济体制的决定性阶段，到 2020 年要形成比较完善的社会主义市场经济体系。这就要求我们在农村的改革发展进程中，进一步推进社会主义市场经济建设，在农村宅基地开发整理过程中，以市场化为导向，引导农村各种资源参与宅基地开发、乡村振兴事业。

第三节　城镇化理论

城镇化是由农业为主的传统乡村社会向以工业和服务业为主的现代城市社会逐渐转变的历史过程，具体包括人口职业的转变、产业结构的转变、土地及地域空间的变化。

城镇化作为一种社会历史现象，既是物质文明进步的体现，也是精神文明前进的动力。城镇化作为一种历史过程，不仅是一个城镇数量与规模扩大的过程，同时也是一种城镇结构和功能转变的过程。这一历史过程包括四个方面：第一，城镇化是农村人口和劳动力向城镇转移的过程；第二，城镇化是第二、三产业向城镇聚集发展的过程；第三，城镇化是地域性质和景观转化的过程；第四，城镇化包括城市文明、城市意识在内的城市生活方式的扩散和传播过程。概括起来表现为两个方面：一方面表现在人的地理位置的转移和职业的改变以及由此引起的生产方式与生活方式的演变；另一方面则表现为城镇人口和城市数量的增加、城镇规模的扩大以及城镇经济社会、现代化和集约化程度的提高。

城镇化的核心是人口就业结构、经济产业结构的转化过程和城乡空间社区结构的变迁过程。城镇化的本质特征主要体现在三个方面：一是农村人口在空间上的转换；二是非农产业向城镇聚集；三是农业劳动力向非农业劳动力转移。

从农村城镇化的角度而言，城镇化具有四个方面的特征：一是时间特征，表现为过程和阶段的统一，以渐进为主。二是空间特征，表现为城镇结合，以镇为主。三是就业特征，表现为亦工亦农，非农为主。四是生活方式特征，表现为亦土亦"洋"，以"洋"为主；亦新亦旧，以新为主。从世界城镇化发展类型看可分为发达型城镇化与发展型城镇化，其特点是不一样的。

城镇化是我国现代化建设的一个必经过程，也是我国现代文明的一个重要标志。目前，我国城镇化正处于快速发展阶段，但是这其中困难重重、情势严峻。我国人口多、底子薄，耕地相对不足，劳动力素质偏低，在实现城镇发展方式的转变中，遇到很大程度的制约。为此，我们必须找出一条适合我国国情的城镇化道路，突出节地、节能、节水、节材，资源节约、环境友好是我国在众多约束条件下发展城镇化的必然选择，也是实现城乡和谐稳定发展的必由之路。2013年以来，我国又提出了建设以城乡统筹、城乡一体、产业互动、节约集约、生态宜居、和谐发展为基本特征的新型城镇化，2014年3月，国务院发布了《国家新型城镇化规划（2014—2020年)》。

以城镇化理论为指导，按照新型城镇化的整体设计，就是要求我们在新农村建设中，以城镇化为手段，引导农民居住向中心村庄、向城镇集聚，既达到通过宅基地集约开发节约用地的目的，又促进农民向城市生活方式转变，不断提高我国的城镇化水平。

第四节　国外土地管理制度及其借鉴意义

一　国外土地管理制度简介

当今世界土地资源分配极不平均，人均占有数量更是差距悬殊，随着人口数量持续增加，人类经济活动规模不断扩大，使土地资源紧缺状况更加突出，土地资源管理问题日益成为举世关注的重要问题之一。面对严峻的现实，世界各国纷纷组建土地管理机构，制定城乡土地管理政策和法规，强化土地资源管理。本书简要介绍几个主要类型的国家土地管理的有关情况，以资借鉴。

（一）日本土地管理简介

日本政府十分重视土地管理工作，1948年就设立了统一的土地管理机构——国土厅。负责合理利用国土资源，确保健康而文明的生活环境，均衡地开发和利用国土资源，以利于创造居住舒适的环境，综合管理有关国土的行政事务。

日本国土厅下设土地局等部门，其中土地局的主要职能是，编制和实施全国城乡土地利用计划，控制土地交易，管理休闲地，管理地价，编制国土利用形态分类图表，组织国土调查等。先后制定

《城市规划法》《农业振兴地域法》《农地法》《自然公园法》《自然环境保护法》《国土调查法》等法律、施行的命令等 200 多项，依法管理。

日本国土资源管理的主要经验：一是科学地编制土地利用计划，严格按计划控制土地利用方向，限制不合理的土地利用和开发；二是国家控制土地交易，实行许可证和劝告制度，由国家公布和控制地价；三是重视土地资源调查；四是土地管理完全纳入法制轨道，实行法治管理。

（二）美国土地管理简介

美国国土面积 936 万平方公里，耕地和永久农作物田地近 1.9 亿公顷，属于人少地多的国家。美国的土地分私人所有、联邦政府所有、州政府所有三种所有制，分别占全国土地总面积的 58%、32%、10%。

美国土地管理的机构：美国没有一个全国统一的土地管理、整治和利用的土地管理机构，分属于国家有关部门和地方政府管理。1812 年在联邦政府内成立了土地管理办公室，1946 年 7 月合并土地管理办公室和放牧局组建了联邦内政部土地管理局，负责联邦政府所有土地的管理；内政部印第安事务局，负责印第安人居住区的土地管理；农业部水土保持局，成立于 1935 年，是美国负责土壤保护工作的最高机构；农业部林务局，负责全国林地及林业方面的管理工作；联邦地质调查局，负责全国土地利用的调查工作；城市规划委员会，负责城市用地的管理工作；国防部，负责军用土地的管理工作。

美国土地管理的主要经验：一是政府重视，依法管理，如《土地政策和管理法》等，人民有高度的守法精神，保证了土地资源的利用、开发和保护能依法进行。美国的所有土地都实行有偿使用，法律规定土地可以买卖和出租。土地管理中注重发挥中央和地方、官方和民间的各方面积极性，政府采取有效的经济鼓励政策，大量投资土地资源保护；二是全面评价土地资源，合理规划利用土地，做到宜农则农、宜林则林、宜牧则牧，各得其所；三是重视科学研究，采用先进技术建立土地管理系统，实现了土地管理的信息化、网络化。

（三）德国土地管理简介

德国国土面积 35.7 万平方公里，有可耕地及永久性作物用地1242 万公顷，属于耕地偏少的国家。

德国的土地管理机构：德国的土地管理工作分散在许多部门管理，通过立法，形成各部门的分工合作制度。州测量局下辖市、县地籍局，主管城乡地籍工作；地方法院土地登记局，主管土地法律登记工作；国家财政部，主管农业用地评价和地产价值评价；州发展规划与环保部，主管各级土地利用规划工作；土地整理司，主管各级土地整理工作和土地整理评价工作。

德国土地管理的主要经验：一是重视土地立法，有一套土地管理的完整法律、法规，除基本法、民法中有土地制度的相关规定外，还有专门法《地籍管理法》《土地登记规划》《土地评价法》《土地整理法》《地籍测量法》《地籍更新法》等；二是采用先进技术手段，建立自动化地籍数据库、图库，大大提高了土地管理工作效率；三是重视土地信息的保存、利用和完善，德国保存有 100 多年来的地籍图、册和数据资料档案，能满足社会各方面的需求；四是注重培养一支具有较高素质的土地管理队伍。

二　国外土地管理制度的借鉴意义

了解国外土地管理的状况，特别是国外土地管理的主要经验，借鉴其土地管理的理念、强调法制化管理、技术化管理，注重土地管理的科学化、规范化、信息化等经验，对于我国完善土地管理，特别是农村宅基地管理、开发建设，具有重要的借鉴意义。

（一）以完备的法制建设加强土地管理

纵观美国、日本、德国等主要发达国家的土地管理，都非常重视法制建设。注重土地立法，以土地法制规范土地行政管理事务，土地立法的范围非常广泛，包括土地规划、地籍管理、环境保护、土地利用等方面，从实体法到程序法等，日本仅土地管理方面的法律、规章就有 200 多项。并且发达国家公民的守法精神非常强，保证了土地立法的贯彻实施。

我国在土地法制建设方面起步较晚，土地立法还不健全，并且实体性立法较多，操作性程序法不够，导致实施起来难度大。我国在土地法制建设方面可以借鉴发达国家法制建设的经验，加强依法管理。本书将在下一章专门分析和论述我国的土地法制建设问题。

（二）注重对农民土地使用权益的保护

西方主要发达国家一般在土地所有权上都实行土地私有制，把土地作为公民的私有财产，注重以立法形式保护公民的私有财产权利，包括土地权益。西方人权宣言开宗明义就强调，私有财产神圣不可侵犯，将土地、住宅作为公民最重要的私有财产，如美国私人所有的土地占到58%，且立法予以严格保护，保障了公民合法的土地权益。

我国的土地所有权属于国家和集体，公民依法享有土地使用权。农民依法获得的宅基地无偿使用权是我国农民最重要的社会保障，也是农民维系生存发展的基础。在我国目前大力发展城镇化的时期，土地强制征用、暴力拆迁等问题频发，农地矛盾尖锐的背景下，借鉴西方主要发达国家土地法制的经验，我们就要依法保护好公民的土地使用权，包括农民的宅基地使用权，不得随意剥夺公民的土地使用权、经营权。只有保证农民住有所居，才能保障农村和谐发展。

（三）明确中外土地制度差异，借鉴但不照搬

在分析、借鉴西方主要发达国家土地管理制度时，我们要立足我国的国情，实事求是地分析，绝不盲目照搬。

在中外土地制度比较中，我们认识到中外土地所有制的性质有明显的差别，西方主要发达国家基本实行土地私有制，我国实行土地公有制，包括国家所有和农民集体所有两种形式，这是符合我国社会性质的必然选择。我们不可能照搬西方主要发达国家的土地私有制，但我们可以借鉴西方主要发达国家依法管理土地和保护公民土地权益的法治精神。

同时，在土地国情方面，我国与西方主要发达国家有很大的区别，西方主要发达国家的土地国情主要特点是人少地多，城镇化、市场化和现代化发展水平比较高，所以允许城市居民到农村自由购买土

地、建造住宅。而我国人多地少是最基本国情，并且城镇化、市场化和现代化发展水平比较低，所以我国政府明确规定城市居民不得在农村购买住宅①，我们要通过农村宅基地集约开发这一有效途径，引导农村向城镇化和现代化目标前进。

---

① 国务院办公厅：《国务院办公厅关于加强土地转让管理严禁炒卖土地的通知》，1999 年 5 月。

第五章

农村宅基地管理开发的
法律制度建设分析

农村宅基地管理法制建设，是当前农村土地管理工作的重要内容，也是社会主义新农村建设深入发展过程中出现的重要课题。但是包括农村宅基地流转开发在内的农村土地管理开发法律制度建设不够完善，滞后于新农村建设的现实需要。在以市场化、城镇化、现代化为导向的社会主义新农村建设进程中，更需要建立完善的新农村建设法律体系。本书从农村宅基地管理开发角度，探讨新农村建设中有关土地管理的法律制度建设，梳理我国农村土地管理制度、宅基地管理制度的发展脉络，分析现有农村土地管理法律体系的特点、存在的问题，为完善农村土地管理，特别是宅基地管理的法制建设奠定基础。

第一节　农村宅基地管理的法制体系

我国农村土地管理，包括农村宅基地管理依据的法律规范主要由下列法规体系构成。

农村土地管理，包括农村宅基地管理调整依据的法律主要有：《宪法》《物权法》《民法通则》《土地管理法》《城乡规划法》《担保法》《村民委员会组织法》《土地改革法》（这一部已废止）以及《民法典》（2020 年 5 月由第十三届全国人大三次会议通过，将于 2021 年 1 月 1 日起施行）等。

农村土地管理，包括农村宅基地管理调整依据的法规、规章主要有：《土地管理法实施条例》《村庄和集镇规划建设管理条例》《国家建设征用土地条例》《村镇建房用地管理条例》《村镇建设管理暂行规定》（后三部已废止）等。

农村土地管理，包括农村宅基地管理调整依据的政策文件主要有：中共中央《农村人民公社工作条例修正草案》、中共中央《关于对社员宅基地问题作一些补充规定的通知》、《中共中央、国务院关于加强土地管理、制止乱占耕地的通知》、《中共中央、国务院关于进一步加强土地管理切实保护耕地的通知》、《中共中央、国务院关于促进小城镇健康发展的若干意见》、《中共中央、国务院关于推进社会主义新农村建设的若干意见》、《中共中央关于全面深化改革若干重大问题的决定》、《中共中央国务院关于实施乡村振兴战略的意见》、《国务院关于深化改革严格土地管理的决定》、《国务院关于制止农村建房侵占耕地的紧急通知》、《国务院批转公安部关于推进小城镇户籍管理制度改革意见的通知》、原国家土地管理局《关于加强农村宅基地管理工作请示的通知》、《确定土地所有权和使用权的若干规定》、《国务院办公厅关于加强土地转让管理严禁炒卖土地的通知》、国土资源部《关于加强农村宅基地管理的意见》、《国务院办公厅关于严格执行有关农村集体建设用地法律和政策的通知》、原国家土地管理局《关于确定土地权属问题的若干意见》等。

还有部分最高人民法院发布的涉及农村宅基地权利调整的司法解释，以及各省、自治区、直辖市依据《土地管理法》等制定的土地管理，包括宅基地管理的地方性法规、政策文件等。

这些法律、法规、规章和政策文件共同构成了我国农村土地管理，包括宅基地管理开发的法制体系。

第二节　农村宅基地管理制度的历史考察

一　农村土地管理制度的历史演进

新中国成立以来，我国农村土地管理经历了农民私人所有、农民集体所有和农民家庭联产承包经营三个阶段。

（一）新中国成立后农民土地所有制的建立（1950—1955 年）

1950 年中央人民政府颁布的《中华人民共和国土地改革法》第一条规定："废除地主阶级封建剥削的土地所有制，实行农民的土地所有制。借以解放农业生产力，发展农业生产，为新中国的工业化开辟道路。"第三十条规定："土地改革完成后，由人民政府颁发土地所有证，并承认一切土地所有者自由经营、买卖及出租其土地的权利。"土地改革运动在全国兴起，国家将依法没收或征收的土地分给无地或少地的农民，建立了农民私人所有的土地制度。1954 年通过的第一部《宪法》第八条第一款规定："国家依照法律保护农民的土地所有权和其他生产资料所有权。"第十一条规定："国家保护公民的合法收入、储蓄、房屋和各种生活资料的所有权。"

1952 年开始实行社会主义改造，农村开始了农业合作化运动，农民加入合作社，农村的土地制度逐渐由私有和公有并存向公有制过渡。

（二）农村集体土地所有制的形成（1956—1978 年）

1952 年开始的农业生产合作运动采取从互助组、初级社到高级社逐步过渡的方式，1956 年 11 月全国加入高级社的农户已占总农户的 96%，高级社阶段，土地所有制由农民私有制向合作社集体所有制转变。1956 年全国人大通过的《高级农业生产合作社示范章程》规定："入社的农民必须把私有的土地和牲畜、大型农具等主要生产资料转为合作社所有。"大部分土地由集体统一经营，只留少部分自留地（1956 年规定不超过当地人均土地的 5%，后于 1957 年增加到 10%）由社员以家庭为单位使用。

1958 年全国推行大规模的人民公社化运动，全国 70 多万个高级合作社被 2 万多个政社合一的人民公社所代替，农民的土地和家产全部转为人民公社集体所有，到 1961 年确立了"三级所有、队为基础"的人民公社体制。人民公社土地政策的基本特征是，土地和主要农业生产资料分别归人民公社、生产大队、生产队三级集体经济组织所有和经营，各自独立核算，自负盈亏。1962 年 9 月 27 日通过的《农村人民公社工作条例修正草案》规定，生产队所有的土地，包括社员的自留地、自留山、宅基地等，一律不准出租和买卖。农村土地集体所有制消灭了土地占有不平等的状况，为农村公有制经济的发展创造了条件。

（三）农村家庭联产承包经营政策的形成（1979年至今）

1978年党的十一届三中全会召开，我国进入改革开放新时代，我国的社会经济改革从农村开始，而农村的改革又以土地改革为突破口。为了改变人民公社内吃"大锅饭"的现象，促进农业和农村经济的发展，开始探索建立农村土地家庭承包经营责任制，至1983年，全国实行家庭承包经营责任制的队数为586.3万个，占生产队总数的99.5%，至此，原来的人民公社体制解体，代之以土地承包经营为核心内容的家庭承包经营责任制。

农村土地家庭承包经营制度是以农地所有权与使用权的分离为基础的，其实质就是在集体组织内，将集体统一经营的土地，按人口平均承包给本集体组织内的农民以户为单位经营，土地的所有权仍然归集体。土地承包的期限，1984年定为15年，1997年确定将土地承包期再延长30年，2008年10月党的十七届三中全会通过的《中共中央关于推进农村改革发展若干重大问题的决定》中指出，要赋予农民更加充分而有保障的土地承包经营权，现有土地承包关系要保持稳定并长久不变。"以家庭承包经营为基础，通分结合的双层经营体制，是适应社会主义市场经济体制、符合农业生产特点的农村基本经营制度，是党的农村政策的基石，必须毫不动摇地坚持。"

二　农村宅基地管理制度的历史演进

新中国成立后，农村宅基地从农民私有转变为现在宅基地集体所有、农民使用；从不限制交易到现在禁止交易，限制农村住房出卖给城镇居民；从宅基地的无法律规范管理转变到现在的规划管理和控制；从农民的宅基地宗数和面积的不限制转变到现在的一户只能拥有一宅和面积限制；从宅基地用途的无法律限制转变到现在规定只能是住宅用途并不得用于商品住宅开发；从宅基地的登记转变到不登记现在又开始登记，宅基地管理制度经历了巨人的变迁。

（一）农村宅基地所有权农民所有阶段（1950—1958 年）

1950 年我国发动了土地改革运动，建立了农民土地所有制，相应地也就确立了宅基地农民所有制。当时对宅基地立法没有专门条款，宅基地只是《土地改革法》和《宪法》中土地的一部分，所以宅基地农民所有制的规定就包含在这两部法律规定的土地制度中。这一时期，农民对宅基地享有充分的所有权和处分权，宅基地属于农民所有，宅基地可以买卖、出租、出典等方式流转，宅基地可以继承。

1952 年我国农村开始了合作化运动，农村的大部分土地在合作化运动中由私人所有转变为集体所有，而宅基地仍然是农民私人所有。《高级农业生产合作社示范章程》第十六条第二款就规定："社员原有的房屋地基不必入社"，但农民宅基地处分权能受到限制，农民宅基地的买卖、典当及其他转移，需要地方政府审批。

1958 年农村人民公社化运动兴起，1961 年确立了"三级所有、队为基础"的人民公社体制，此时在法律与政策上，宅基地仍然与房屋一起归农民所有。

（二）农村宅基地集体所有制的形成（1962—1978 年）

1962 年 9 月 27 日，中共八届十次全会通过的《农村人民公社工作条例修正草案》（简称人民公社六十条）规定，生产队所有的土地，包括社员的自留地、自留山、宅基地等，一律不准出租和买卖；社员的房屋，永远归社员所有；社员有买卖或租赁房屋的权利。这是新中国成立以来国家第一次正式确认和使用宅基地概念。至此，随着我国农民土地集体所有制的确立，宅基地正式由农民私人所有转变为集体所有，农村宅基地集体所有制确立。

当时鉴于宣传"六十条"的过程中对宅基地管理政策解释不一，1963 年 3 月 20 日中共中央发布《关于对社员宅基地问题作一些补充规定的通知》，作了具体解释：其一，社员宅基地，包括有建筑物和没有建筑物的空白宅基地，都归生产队集体所有，一律不准出租和买卖。但仍归各户长期使用，长期不变。其二，宅基地上的附着物，如房屋、树木等永远归社员所有，社员有买卖房屋或租赁房屋的权利，房屋的使用权可随之转移，但所有权仍归生产队集体。其三，社员没有宅基地需建新房时，可由本户申请，经社员大会讨论同意，由生产队帮助解决，且一律不收地价。其四，社员不能借口修建房屋随意扩大宅基地。[①] 这些规定比较详细地阐述了宅基地使用权的取得、行使制度，明确了宅基地所有权属于生产队、宅基地使用权归农民长期无偿使用的原则。

（三）农村宅基地所有权与使用权逐步调整阶段（1979 年至今）

这一阶段我国的基本土地制度仍然和 1962 年后一样，城镇土地归国家所有，农村土地包括宅基地归集体所有。但在农村宅基地的所有权与使用权的管理上，在不断地调整，逐步增加了宅基地所有权变更、使用权行使的限制，形成了愈来愈严格的农村宅基地管理制度。

20 世纪 70 年代末农村土地家庭承包经营制度的实行，农村经济快速发展，农民建造住宅数量激增，与国家建设用地、乡镇企业用地一起，占用了大量耕地。1979 年 9 月 28 日中共十一届四次全会通过《关于加快农业发展若干问题的决定》指出，必须进行的基本建设要切实节省耕地，并尽量不占或少占耕地。

1981 年 4 月国务院发布《关于制止农村建房侵占耕地的紧急通知》、1982 年 2 月国务院颁布《村镇建房用地管理条例》，第一次以法规形式规定，农民要获得宅基地使用权，需要经过县乡人民政府的审批。1986 年中共中央、国务院作出了建立城乡地政统一管理体制的重大决定。1986 年随着《中华人民共和国土地管理法》的颁布和国家土地管理局的成立，国家开始对农村宅基地使用进行统一的管理，改变了农村宅基地使用无秩序的局面。

1990 年 1 月国务院批转国家土地管理局《关于加强农村宅基地管理工作的请示》的通知，在全国 13 万个行政村实行了宅基地有偿使用，后因地方政府私自提高收费金额引起各地抗议，1993 年中央发文禁止宅基地有偿使用收费行为。

1997 年 4 月《中共中央、国务院关于进一步加强土地管理切实保护耕地的通知》规定，农村居民的住宅建设要符合村镇建设规划；有

---

① 杜西川、徐秀义编：《中国土地管理法律大全》，中国国际广播出版社 1990 年版，第 164—166 页。

条件的地方，提倡相对集中建设公寓式楼房；农村居民每户只能有一处不超过标准的宅基地等。1998 年实施的《土地管理法》明确规定了一户一宅且不得超标的宅基地管理原则。

1999 年 5 月《国务院办公厅关于加强土地转让管理严禁炒卖土地的通知》规定，农民的住宅不得向城市居民出售，也不得批准城市居民占用农民集体土地建住宅。2004 年 11 月国土资源部发布《关于加强农村宅基地管理的意见》，要求各地要引导农村村民集中兴建农民住宅小区或建设农民新村，强调坚决贯彻"一户一宅"的法律规定，严禁城镇居民在农村购置宅基地等。

综观这一阶段，农村宅基地从生产队集体所有到分属县、乡（镇）、村三级集体所有；从农民宅基地长期无偿使用到有偿使用又恢复长期无偿使用；从不涉及城镇居民申请农村宅基地转变到可以申请，现在又规定不能申请，严禁购买；从不涉及农民申请宅基地数量、面积到严格要求一户一宅且不得超标；等等。农村宅基地产权保护力度和管理方式在不断地调整规范。

第三节　农村宅基地管理制度的基本内容

一　农村宅基地性质规定的基本法律规范

我国现在的基本土地制度是国家（全民）所有制和集体所有制。1982 年《中华人民共和国宪法》第十条明确规定："城市的土地属于国家所有。农村和城市郊区的土地，除由法律规定属于国家所有的以外，属于集体所有；宅基地和自留地、自留山，也属于集体所有。"这是宅基地概念在我国宪法的首次出现，《土地管理法》第二条也明确规定："中华人民共和国实行土地的社会主义公有制，即全民所有制和劳动群众集体所有制。"这就以法律形式确立了我国实行土地资源的社会主义公有制，宪法从根本大法的高度明确和巩固了宅基地的集体所有制地位。

关于宅基地所有权的归宿，《土地管理法》第八条规定："城市市区的土地属于国家所有。农村和城市郊区的土地，除由法律规定属于国家所有的以外，属于农民集体所有；宅基地和自留地、自留山，属于农民集体所有。"《物权法》第一百五十二条规定："宅基地使用权人依法对集体所有的土地享有占有和使用的权利，有权依法利用该土地建造住宅及其附属设施。"① 依据这一规定，可以把农村居民宅基地的权属关系分为所有权、使用权和处置权。所有权属于集体，使用权和处置权属于农民个人。农民只要是本集体经济组织的成员，就可以无偿取得一处规定面积的宅基地。我国宪法保护公民合法的私有财产不受侵犯，所以农民在拥有合法使用权的宅基地上建造的房屋及其附属物都属于农民自己所有，具有对房产的所有权、使用权和处置权。

关于农村村民拥有宅基地的标准，《土地管理法》第六十二条规定："农村村民一户只能拥有一处宅基地，其宅基地的面积不得超过省、自治区、直辖市的标准。农村村民建住宅，应当符合乡（镇）土地利用总体规划，并尽量使用原有的宅基地和村内空闲地。农村村民出卖、出租住房后，再申请宅基地的，不予批准。"这表明《土地管理法》进一步明确了农村村民拥有宅基地的数量，只能拥有一处，但面积大小可以有不同，应由地方人民政府具体规定。

2020 年通过的《中华人民共和国民法典》在相关法律规定宅基地属集体所有的基础上，对住宅的所有权及其管理使用做了明确规定。将住宅列为不动产，"第二百六十六条，私人对其合法的收入、房屋、生活用品、生产工具、原材料等不动产和动产享有所有权。第二百六十七条，私人的合法财产受法律保护，禁止任何组织或者个人侵占、哄抢、破坏"。对住宅小区涉及个人私有和住户共有的部分作出了更为具体的规定："第二百七十一条，业主对建筑物内的住宅、经营性用房等专有部分享有所有权，对专有部分以外的共有部分享有共有和共同管理的权利。第二百七十二条，业主对其建筑物专有部分享有占有、使用、收益和处分的权利。业主行使权利不得危及建筑物的安全，不得损害其他业主的合法权益。第二百七十三条，业主对建筑物专有部分以外的共有部分，享有权利，承担义务；不得以放弃权利为由不履行义务。业主转让建筑物内的住宅、经营性用房，其对共

---

① 《中华人民共和国物权法》，中国法制出版社 2007 年版，第 23 页。

有部分享有的共有和共同管理的权利一并转让。”这部新法律从民事权利与义务高度对宅基地和住宅作了明确规定。农村宅基地属集体所有，农民住宅属私人所有和业主共有，国家保护私人住宅等不动产所有人的合法权益。

　　综观我国法律制度对有关农村村民宅基地的有关规定，确立了土地所有权的两种形式：全民所有制和集体所有制；明确了农村村民对宅基地只有使用权，没有所有权；规定了农村村民拥有宅基地的数量，每户只能拥有一处宅基地，面积大小由地方政府规定。那么，农村村民对宅基地除有使用权外，还有法律规定的什么处置权呢？

二　农村宅基地管理的基本法律规范

　　有关宅基地使用权，1998 年《土地管理法》《土地管理法实施条例》规定，农村村民申请宅基地要向村农业集体经济组织或村民委员会申请、村民大会讨论通过、乡（镇）政府审核、县级人民政府批准；农村住宅用地只能分配给本集体组织村民，城镇居民不得到农村购买宅基地、农民住宅或“小产权房”；村民建住宅应当符合乡（镇）土地利用总体规划、村庄和集镇规划。宅基地权力消灭方式有三种：一是由乡镇村公共设施和公益事业建设需要使用土地的；二是宅基地因自然灾害等原因灭失的，应当重新分配宅基地；三是不按批准的用途使用的，要引导农村村民集中兴建农民住宅小区或建设农民新村。

　　有关宅基地抵押权，1995 年《担保法》第三十七条规定，耕地、宅基地、自留地、自留山等集体所有的土地使用权不得抵押。

　　有关宅基地流转，我国的法律没有具体的规定，只有针对一般的土地使用权的。《中华人民共和国宪法》第十条规定：“国家为了公共利益的需要，可以依照法律规定对土地实行征收或者征用并给予补偿。任何组织或者个人不得侵占、买卖或者以其他形式非法转让土地。土地的使用权可以依照法律的规定转让。”宪法明确规定了土地的所有权不能转让，但国家可根据公共利益的需要征用，土地的使用权可以依法流转，这其中也应该包括农民的宅基地使用权。《土地管理法》也只是在第二条简单地规定了土地使用权可以依法转让，没有进一步的具体规定。

党的十七届三中全会通过的《中共中央关于推进农村改革发展若干重大问题的决定》指出："加强土地承包经营权流转管理和服务，建立健全土地承包经营权流转市场，按照依法自愿有偿原则，允许农民以转包、出租、互换、转让、股份合作等形式流转土地承包经营权，发展多种形式的适度规模经营。""土地承包经营权流转，不得改变土地集体所有性质，不得改变土地用途，不得损害农民土地承包权益。""完善农村宅基地制度，严格宅基地管理，依法保障农户宅基地用益物权……改革征地制度，严格界定公益性和经营性建设用地，逐步缩小征地范围，完善征地补偿机制。依法征收集体土地，按照同地同价原则及时足额给农村集体组织和农民合理补偿，解决好被征地农民就业、住房、社会保障。在土地利用规划确定的城镇建设用地范围外，经批准占用农村集体土地建设非公益性项目，允许农民依法通过多种方式参与开发经营并保障农民合法权益。逐步建立城乡统一的建设用地市场，对依法取得的农村集体经营性建设用地，必须通过统一有形的土地市场、以公开规范的方式转让土地使用权，在符合规划的前提下与国有土地享有平等权益。"

党的十七届三中全会通过的文件明确规定了我国土地管理改革的基本原则。这就是：第一，允许土地使用权经营权流转。可以通过转包、出租、互换、转让、股份合作等多种形式流转土地的使用权经营权，以土地生产力要素的合理流动，促进农业生产力水平的提高。但没有明确规定农村宅基地可以流转，因为农村宅基地还不能明确界定为农业生产力要素。第二，逐步建立规范有形的土地流转市场，以此保证土地使用权经营权流转制度的有效实施。包括确权登记、组织机构、评价机制等。第三，坚持同地同价原则，确保农民的合法权益。特别强调了征地方式要逐步减少，土地规划范围之外的农村集体土地建设非公益性项目要引入市场调节，农村集体土地与国家所有土地同价，这样才能更好地保护农民的合法权益。

党的十八届三中全会通过的《中共中央关于全面深化改革若干重大问题的决定》指出："保障农户宅基地用益物权，改革完善农村宅基地制度，选择若干试点，慎重稳妥推进农民住房财产权抵押、担保、转让，探索农民增加财产性收入渠道。"

2018 年 2 月颁布的《中共中央国务院关于实施乡村振兴战略的意见》提出，完善农民闲置宅基地和闲置农房政策，探索宅基地所有权、资格权、使用权"三权分置"，落实宅基地集体所有权、保障宅基地农户资格权和农民房屋财产权，适度放活宅基地和农民房屋使用权。①

2020 年 5 月通过的《中华人民共和国民法典》对宅基地和住宅的管理使用做了全面规定。宅基地的审批、住宅的建设实行不动产登记制度，强调了"一户一宅"的规定。规定了宅基地的使用权："第三百六十二条，宅基地使用权人依法对集体所有的土地享有占有和使用的权利，有权依法利用该土地建造住宅及其附属设施。第三百六十三条，宅基地使用权的取得、行使和转让，适用土地管理的法律和国家有关规定。"本法规定了居住权："第三百六十六条，居住权人有权按照合同约定，对他人的住宅享有占有、使用的用益物权，以满足生活居住的需要。第三百六十七条，设立居住权，当事人应当采用书面形式订立居住权合同。"为住房租赁提供了法律保障，并对租赁合同做了具体规定。本法还规定了抵押权，宅基地不得抵押，住宅可以抵押。这部《民法典》是一部综合性的民事法律典籍，对《中华人民共和国继承法》《中华人民共和国民法通则》《中华人民共和国担保法》《中华人民共和国合同法》《中华人民共和国物权法》《中华人民共和国侵权责任法》《中华人民共和国民法总则》等法律中有关宅基地、住宅等方面的法律规定进行了综合概括，以后这几部专门法将废止。

第四节　农村宅基地管理存在问题及法制缺陷

从以上我国有关土地管理的法律制度内容中可以看到，国家的根本大法和专门法对宅基地的性质、管理都有明确的规定。随着我国人

---

① 《中共中央国务院关于实施乡村振兴战略的意见》，《人民日报》2018 年 2 月 5 日第 1 版。

口的不断增长、社会体制的转型和现代化事业的发展，人地矛盾更加突出，坚守耕地红线的任务更加艰巨，宅基地管理法制建设滞后日益显现。随着社会主义新农村建设事业的大力推进，农村宅基地整理对新农村建设的意义日益重要。但是，目前农村宅基地管理的状况不容乐观。

一　农村宅基地管理现状及存在问题

我国农村宅基地管理的一般状况，根据 2006 年第二次全国农业普查对 22108 万户农村居民的调查，农村居民平均每户拥有住宅面积 128 平方米，拥有 1 处住宅的为 20450 万户，占 92.5%；拥有 2 处住宅的为 1421 万户，占 6.4%；拥有 3 处以上住宅的为 77 万户，占 0.4%，超占多占宅基地的现象在各地都是突出现象。典型地区的宅基地管理状况也类似，据浙江省某县的调查，2008 年全县有行政村 103 个，有大小居民点 3146 个，共有闲置住宅 629 宗，面积 760 亩，一户多宅数 210 宗，多置住宅 280 宗，在城里购房农户 2247 户，农民宅基地人均用地面积 245.7 平方米，大于浙江省 107.63 平方米/人的平均水平。农村宅基地管理存在的问题可以归纳为以下三个方面。

第一，农村宅基地建设散乱，不利于农村向城镇化发展。

由于农民建房缺少村镇建设规划的引导，农民建房随意性大，布局分散、结构各异，"空心村"大量出现，"农村宅基地总量大、面积超标、乱占耕地时常发生；农村空置宅基地比较多，'空心村'普遍存在"[①]。导致农村土地浪费严重，村容村貌差，缺乏基础设施。农村宅基地分散，农民建房各自为政的状况，不利于农民向城镇和中心村集聚，不利于集约用地和城镇化在农村地区的拓展。

第二，农村宅基地管理不规范，市场机制不健全。

我国农村宅基地管理没有独立的法律制度条例，都分散在土地管理的综合法律规范中，加之全国各地情况差异较大，执行尺度不一，缺乏统一的规范管理。如农民超占宅基地、隐形流转宅基地现象严

---

① 李谱：《农村宅基地制度变迁的路径依赖分析》，《商情（教育经济研究）》2008 年第 7 期。

重。由于农村宅基地面积大小由各省市自治区人民政府自行规定，全国没有统一的标准，并且农民建房的审批、监督程序不严密，农民往往超占宅基地，随意扩大道场、宅院，一户多宅，建新不拆旧，改革开放中有不少农民进城务工，有的已在城市购房安家，但仍不愿退出农村的宅基地。① 同时，农民之间不经过村集体和村民大会，不申报的隐形宅基地流转现象也很普遍。

缺乏市场化的筹资机制，农村宅基地整理资金不足。农村宅基地整理和居民点集聚都需要大量资金，依靠政府财政补贴、农民自己积累，都难以承担。旧房拆迁、土地整理、道路、供水供电、电信等基础设施建设都需要一定的前期投入，财政补贴资金不足、基础设施建设资金压力太大，配套资金不到位，对农民迁入新村点建房缺乏激励措施，特别是资金补助和宅基地整理标准偏低，影响了农民拆旧建新的积极性，导致农民集约建房进展缓慢，也影响了新农村建设进程。

第三，农村宅基地集约开发引导不力，影响农村现代化事业发展。

对农村宅基地开发整理重视不够。当前农村领导干部，特别是县乡两级干部，对抓经济指标比较重视，片面强调经济增长，增加农民收入，对农村社会管理重视不够。就是在土地管理中，也是侧重于保护耕地、农业用地的流转，对宅基地的开发、整理还没有提上议事日程。没有从新农村建设"村容整洁"的要求，确保耕地红线的角度，提高农民的居住水平和生活质量的高度，切实加强农村宅基地开发、整理。

依托村镇建设规划引导、约束宅基地集约开发的作用发挥不够。村镇建设规划是农村住宅建设的"龙头"，对农民建房起着直接的控制作用。长期以来，我国农村建设不重视规划的引导作用，农村建设规划滞后，缺乏相应的土地利用规划、村镇建设规划和耕地整理规划等，影响了新农村建设。近两年，国家重视和强调了农村的规划建

---

① 彭国英：《推进农村宅基地整理促进节约集约用地》，《节约集约用地——促进经济社会可持续发展研究文集》上册，中国大地出版社2009年版，第305—306页。

设，农村规划建设开始起步，但"我国尚有部分地区，尤其是经济比较落后的边远地区的农村，至今尚未编制村庄建设规划，有的过于简单或规划不实际，缺乏应有的指导意义"①。村镇建设规划的科学性、适用性、可操作性还存在不少问题。

各级政府在土地利用总体规划、村镇建设规划、耕地整理规划等规划的制定和监督执行工作中负有重要责任，要不断强化各级政府的监督、服务职能。科学而求实的村镇建设规划，能够有效引导农村宅基地集约开发整理，而农村宅基地集约开发工作，又影响着地区经济发展，公共服务设施建设和农民生活质量的提高。由此，农村宅基地集约开发就成为推动新农村现代化事业发展的重要支点。

二　农村宅基地管理存在的法制缺陷

第一，宅基地集体所有与农民私有观念的矛盾。

《中华人民共和国宪法》和《土地管理法》都明确规定，农村的土地包括宅基地归集体所有，农民只有占有权和使用权。我国的农民总体文化素质不高，对有关农民、农村的法律知识宣传、普及不够，农民的法律意识比较淡漠。对于农村土地集体所有制这一法律制度理解模糊，需要宅基地时，只知道向村党支部书记和村长申请，甚至乞求，不清楚自己作为村民集体组织的一员，享有一户拥有一处合法宅基地的权利，并且对村集体的宅基地分配拥有一定的决策权，而是将村集体的宅基地分配视为村支书和村长个人决策。

部分农民受封建小生产观念和故土观念的影响，将宅基地视为自己的私有财产，建新不拆旧、不愿将旧宅基地交还集体，自己不住也不允许别人新建住宅。"由于受历史观念的影响，农民普遍认为，宅基地是一种私有财产，可以祖祖辈辈继承下来，传承下去。"② 这就形成了农村宅基地法律上的集体所有制与农民私有观念的矛盾。

---

① 朱宝琦：《农村宅基地现状分析与综合管理建议》，《节约集约用地——促进经济社会可持续发展研究文集》下册，中国大地出版社 2009 年版，第 529 页。

② 林春法：《浅谈农村宅基地的节约集约利用》，《节约集约用地——促进经济社会可持续发展研究文集》下册，中国大地出版社 2009 年版，第 658 页。

第二，房产与地产的矛盾。

《中华人民共和国宪法》第十三条规定："公民的合法的私有财产不受侵犯。"《中华人民共和国宪法》和《土地管理法》规定，农村宅基地所有权属于集体，《中华人民共和国物权法》第一百五十二条明确规定宅基地使用权人对集体所用的土地享有占有和使用的权利，有权在该土地建造住宅及附属设施。而农民所建住宅是农民的私有财产，所有权、使用权都是农民自己的，这就导致农民房屋与宅基地所有权的矛盾，房产与地产割裂。宅基地是集体所有，农民只有占有权和自己使用的有限使用权，可以说宅基地的所有权和使用权是分离的，而农民所建住宅及其附属物的所有权和使用权是一致的，宅基地和农民住宅所有权、使用权的矛盾就会导致农民行使权利上的矛盾。

第三，禁止农村宅基地流转与农民房产物权的矛盾。

我国法律规定，农民每户只能拥有一处合法的宅基地，宅基地不能流转，农民出租、出卖住房后，不得再申请宅基地。农民在合法的宅基地上建造的房屋都是农民的私有财产，属于不动产，农民应该享有完全的物权，包括所有权、用益物权和担保权。根据《物权法》的规定，农民对自己的房产享有占有、使用、收益和处分的权利。但是，《土地管理法》规定，宅基地归集体所有，农民不能随意流转，所以，农民建在宅基地上的房屋虽然是农民的私有财产，也与宅基地一起不能随意流转，这就形成了禁止宅基地流转与农民任意处置自己房产物权的矛盾。

如何针对农村宅基地管理的状况，克服宅基地管理上的法制缺陷，突破和完善宅基地管理的法制建设，本书将在第九章对策分析中具体阐述。

第六章

农村宅基地集约开发的城镇化、
市场化取向分析

第一节　农村宅基地集约开发的城镇化取向分析

一　我国城镇化发展的历程回顾

城镇化作为一种历史现象，是人类社会经济发展和文明进步的必然趋势。城镇是城镇化的载体，城镇的数量和规模决定城镇化水平的高低。

我国的城镇分为大城市和小城镇两种类型，城市是指经中华人民共和国政府批准的建制城市，按城市市区非农人口规模分为：超大城市（200万人口以上），特大城市（100万—200万人口），大城市（50万—100万人口），中等城市（20万—50万人口）和小城市（20万人口以下）。① 小城镇原指经国家批准设立的建制镇镇政府所在地，现在小城镇的外延有所扩大，主要是按人口和功能来确定。我国城镇化进程分为两个载体：一是大小城市；二是广泛分布于农村地域的小城镇。本书所指的农村宅基地集约开发的城镇化取向，既包括大小城市，也涵盖小城镇，并且更多的是指农村地域内的小城镇。

自新中国成立以来，我国的城镇化历程大致经历了三个阶段。

---

① 陈美球：《中国农村城镇化进程中的土地配置研究》，博士学位论文，浙江大学，2002年。

第一阶段：稳步发展阶段（1949—1957 年）。新中国刚刚成立时，当时还没有制定明确的城镇化方针，但也没有农村人口进城定居和就业的政策限制，农村人口可以自由迁入城市，推动了这一时期城镇化的快速发展。1949—1957 年，我国城镇人口由 5765 万人增加到 9949 万人，年均增长率 7.1%，城镇化率从 10.6% 上升到 15.4%，其中城镇人口增长的主要因素是农村人口的迁入。这一时期城镇化的发展与国民经济的恢复和工业化建设是基本协调的。

第二阶段：波动发展阶段（1958—1978 年）。这一时期城镇化的发展受国家宏观政策失误的影响，经历了较大的起伏。1958—1960 年"大跃进"运动，以大炼钢铁为导火索，兴起了我国工业化的浪潮，工业的高速发展需要大量的劳动力，导致大量的农村人口转入工业，城镇化超速发展，城镇人口激增 3100 万，城镇化率从 1957 年的 15.4% 上升到 1960 年的 19.8%。1959 年开始，国民经济严重衰退，无力支撑城镇人口的快速增长，使城镇人口开始明显下降，进入了以停滞和衰退为主的波动阶段（1961—1978 年）。1961 年开始，为克服经济困难，国家动员 2000 多万城镇人口回乡参加劳动，强制性地减少城镇人口，同时减少市镇设置，城镇人口从 1960 年到 1963 年，净减少了 1391 万人，城镇化水平由 19.8% 下降到 16.8%，年均下降 1 个百分点。随着 1964 年国民经济的恢复调整，适度放松了人口管制，到 1965 年，城镇化水平回升到接近 1957 年的水平。1966 年开始的"文化大革命"造成国民经济濒临崩溃，1966 年冬近千万城镇居民被遣返农村，1968 年 2000 多万城镇青年学生"上山下乡"，城镇人口增长下降，徘徊在 17% 左右，这一阶段城镇化水平在徘徊下降。

第三阶段：快速发展阶段（1978 年以后）。1978—1985 年，"文革"结束后拨乱反正、政策调整，大量下乡知青、下放干部回到城市，加上高考重新恢复等，使城镇人口迅速增长，城镇化水平有了较快的恢复，城镇人口由 1978 年的 17.9% 上升到 1985 年的 23.7%，这是城镇化水平下降后出现的反弹现象。20 世纪 80 年代中期以来，乡镇企业高速发展，小城镇迅速增加，改革的重心逐渐转向城市，我国的工业化进入快速发展阶段，城镇人口开始快速增长，1992 年城镇化率达到 27.6%，1999 年城镇人口 38892 万人，城镇化率上升到

30.9%。进入21世纪，我国全面加强城镇化建设，城镇化率快速提高，2005年城镇人口达到56212万人，城镇化率快速提升到43%，2009年城镇人口达到62186万人，城镇化率上升到46.6%，2010年我国城镇人口为6655.75306万人，城镇化率达到49.68%。[①] 2012年城镇人口7.1182亿人，城镇化率52.57%；2014年城镇人口7.4916亿人，城镇化率54.77%；2016年城镇人口7.9298亿人，城镇化率57.35%；2018年城镇人口8.3139亿人，城镇化率59.58%。[②] 这一阶段我国社会主义市场经济体制从确立到逐步完善，城镇化、工业化建设进一步加快，随着2008年开始的城乡一体化改革试点和逐步推广，2013年新型城镇化建设的提出，城镇化建设水平快速提高。

综观我国的城镇化发展历程，从一个落后的农业国、较低的城镇化水平开始起步，经过六十多年的发展，伴随着从计划经济体制向改革开放、社会主义市场经济体制的转变，由一个典型的农业国向工业化、现代化国家迈进，城镇人口从1949年的5765万人增加到2018年的6655.83139万人，城镇化率从10.6%上升到59.58%，城镇化水平显著提高，形成了具有中国特色的城镇化发展道路。这就为通过农村宅基地集约开发引导农民进城镇集聚居住，推动城镇化建设和发展提供了历史和现实依据。

二　农村宅基地集约开发的城镇化取向因素分析

城镇化建设，特别是中小城镇建设，对农村宅基地集约开发具有重要的推动作用，从城镇化取向角度分析城镇化建设对农村宅基地集约开发的推动作用，影响因素很多，包括城镇房产因素、城镇第二、三产业发展对就业的吸引力、城镇公共服务体系建设的完善程度、地方政府有关城镇化政策的导向、当地城镇化的发展水平等。经过分析和筛选，本书主要从房产因素、城镇就业机会和公共服务体系建设三个维度，分析城镇化建设对农村宅基地集约开发的影响。

[①] 数据来源：根据中华人民共和国统计局《全国人口普查公报》数据整理。
[②] 数据来源：中华人民共和国统计局《中国统计年鉴（2019）》。

（一）房产因素

城镇化发展水平最重要的标志就是城镇人口的集聚程度。我国城镇化建设的特色之一就是大力发展小城镇，小城镇地处广大农村地区，能够吸引农民就近转移进入小城镇居住。而小城镇能否吸引农民进城居住的直接因素就是小城镇的房产因素，包括房产价格、地理环境等因素。

城镇房产的价格因素，2010年我国农村居民年人均纯收入5919元，增长率为10.9%[1]，可见农民的收入水平还不高，能否吸引农民到城镇置换、购买房产，房产价格就成为重要因素，只有相对低廉的价格才能吸引农民到城镇居住。

城镇房产的地理环境，这也是影响农民向城镇集聚居住的重要因素。这里指的地理环境，既包括城镇住宅小区自身的环境设施建设，也包括距离农民承包地的距离远近。城镇住宅小区的环境优美、基础设施齐全，当然更能吸引农民集聚，但另一方面，如果农民没有放弃或转包自己的承包地，仍然要以务农为业，农民就会考虑居住地距离承包地的远近，只有距离适中、交通便利，才有利于农民的生产劳动。所以，在制定村镇建设规划时，要合理设计小城镇、中心村与周边居民点的距离，以地理优势吸引农民进入城镇或中心村庄居住。

（二）城镇就业机会

以上分析的城镇房产价格因素，是农民是否进入城镇集聚居住的直接决定因素。那么，城镇特别是小城镇第二、三产业的发展带来的就业岗位和机会增加就是农民是否进入城镇集聚居住的重要间接因素。小城镇已成为农民返乡创业和农村富余劳动力进城的重要载体。2008年年底，全国县城和建制镇人口2.57亿人，占全国人口比重的19.4%。[2]小城镇第二、三产业的发展，能够提高当地的经济发展水平，提升当地的工业化程度，推动农民工就地转移就业，提高就业水平。

就我国农村经济发展水平来看，存在着地区差异，东部最发达，

---

① 国家统计局：《中华人民共和国2010年国民经济和社会发展统计公报》。

② 《中国城市发展报告2010》（http://www.chinacity.org.cn/cstj/fzbg/66867.html）。

中部次之，西部比较落后。经济发展水平的差异，重要的一点就体现在农村地区非农产业发展的程度不同，从表6-1可以看出，从东部到西部，从事非农产业的人口比例逐渐降低。

表6-1　　东、中、西部地区农村从业人员行业结构（1996年）

| | 从事农业 | 占从业人员 | 从事非农业 | 占从业人员 |
	人员（万人）	比重（%）	人员（万人）	比重（%）
东部地区	14914.13	66.50	7511.89	33.50
中部地区	15524.61	79.88	3909.84	29.12
西部地区	12002.45	84.38	2222.66	15.62

資料来源：全国农业普查办公室，关于第一次全国农业普查快速汇总结果的公报，第3号。

小城镇第二、三产业的发展，能够为农村剩余劳动力的转移创造条件，为农民提供大量的就业机会和岗位，农民在城镇找到了稳定的工作岗位，有了稳定的收入，农民才更愿意到城镇买房居住，并逐步放弃或转让原有的宅基地，放心到城镇去生活，真正做到离土又离乡。

（三）公共服务体系建设

公共服务体系建设主要是指水、电、路、生活资料等基础设施建设；教育、医疗、网络等发展设施建设；政治、行政等管理设施建设。在城镇和中心村庄农民社区建设完善的公共服务体系，为居民提供生活便利，降低生活成本，创造发展条件，提供部分非农就业岗位与机会，能够进一步增强农民进入城镇和中心村庄社区居住的吸引力。

随着农村经济社会的发展，农民对公共服务体系的需求会越来越高。在农村宅基地集约开发建设中，政府部门通过村镇建设规划和土地利用规划的设计，确定合适的城镇居民点和中心村农民社区布局，先期投入水、电、路、气等基础设施建设，将农村中小学、幼儿园、卫生所等发展保障设施的建设与规划居民点挂钩，通过公共服务体系建设带动农民的住宅集聚需求，辅以地方政府落实规划居民点建设的政策引导，将会进一步推动面向城镇和中心村集聚的宅基地开发建设。

总之，农村宅基地集约开发对城镇化建设具有巨大推动作用。特别是植根于广大农村地区的小城镇，是农民置换城镇房产的主体，能够有力推动小城镇第二、三产业发展，优化产业结构，带动小城镇的多样化发展，促进行政型、工业型、商业型、文化型、综合型等各具特色的小城镇的形成和发展。并为农村地区小城镇的市场化发展创造良好条件。

第二节　农村宅基地集约开发的市场化取向分析

一　我国市场化发展的历程回顾

社会主义市场经济在我国的探索、创立和完善以及社会主义市场经济在农村的发展，是当代中国共产党人的历史性创举。下面我们简要回顾一下，我国社会主义市场经济的发展历程和我国农村市场化的发展历程。

（一）中国社会主义市场经济发展历程

第一阶段，社会主义市场经济探索的萌芽时期（1956—1966年）。

我国计划经济体制的形成。20世纪20年代后期，斯大林提出社会主义只能搞计划经济，计划经济是排斥商品和价值规律的，斯大林这一思想和苏联的实践，形成了高度集权的计划型社会主义模式，这一模式对我国的社会主义体制选择产生了深刻的影响。1956年后我国的计划经济体制逐步形成，毛泽东同志当时也认为商品货币关系会产生资本主义，必须加以限制。因此，人们的观念中一直以来都认为市场经济是资本主义特有的东西，计划经济才是社会主义的基本特征；搞社会主义只能实行计划经济；搞市场经济必然导致资本主义。

在这种思想的指导下，我们照搬苏联经验，建立了高度集中的计划经济体制，即实行中央高度集权、生产资料全盘公有制、按劳分配、各尽所能、有计划、按比例发展的社会主义计划经济体制。计划经济在我国社会主义建设初期曾经发挥过重要的作用。事实也说明，在我国的三线建设、国防建设和一些重要工业基地布局等方面，以计划手段配置社会资源，曾经发挥过积极有效的作用。然而，传统计划经济体制的弊端，也是显而易见的。

第二阶段，社会主义市场经济探索的停滞阶段（1967—1977年）。

1966年"文化大革命"开始后，在所谓"无产阶级专政下继续革命理论"的指导下，中央对商品经济的认识偏离了正确认识，提出了没有商品经济的平均主义的自给自足的"理想"发展模式。产生这些偏差的原因，主要是受"左"倾思想的影响，使社会主义市场经济的探索受挫，思想认识上的僵化，束缚了社会主义经济的发展。

第三阶段，社会主义市场经济探索的重新起步阶段（1978—1992年）。

1978年党的十一届三中全会的召开，我国进入了改革开放的新时期，对社会主义市场经济的探索又重新起步，首先是突破了完全排斥市场调节的大一统的计划经济概念，形成了"计划经济为主，市场调节为辅"的思想。这一时期，我国改革开放的总设计师邓小平，在创新和发展社会主义市场经济理论方面，作出了重大贡献。1979年11月26日，邓小平指出："说市场经济只存在于资本主义社会，只有资本主义的市场经济，这肯定是不正确的。社会主义为什么不可以搞市场经济，这个不能说是资本主义。我们是计划经济为主，也结合市场经济，但这是社会主义的市场经济。市场经济不能说只是资本主义的。社会主义也可以搞市场经济。"[①] 这种认识在当时打破了社会主义只能搞计划经济的传统僵化观念，第一次把市场经济与社会主义联系起来了。

1981年党的十一届六中全会召开，会议通过的《关于建国以来

---

① 《邓小平文选》第2卷，人民出版社1994年版，第236页。

党的若干历史问题的决议》中正式提出："以计划调节为主，市场调节为辅"的思想，随后得到了党的十二大的肯定，这就为突破社会主义经济实践中完全排斥市场调节的观念，为建立社会主义市场经济体制开辟了道路。

1984 年 10 月 20 日，党的十二届三中全会通过《中共中央关于经济体制改革的决定》，在社会主义商品经济问题的认识上取得了重大突破，明确提出："社会主义计划经济必须自觉依据和运用价值规律，是在公有制基础上的有计划的商品经济。商品经济的充分发展是社会主义经济发展的不可逾越的阶段，是实现我国经济现代化的必要条件。"提出社会主义商品经济论断，这在马克思主义发展史上是第一次，它对于推进我国以市场为取向的改革起到了积极的促进作用。但是，关于社会主义商品经济的思想还局限于计划经济的框框内。尽管党中央已提出了社会主义商品经济思想，但就经济体制而言，我国仍然是计划经济体制。

20 世纪 80 年代中后期，我国经济体制改革的重心已经由农村向城市转移。在全国范围内启动了对国有企业、价格体系、宏观调控方式等多层面、多个行业的全面改革，国民经济快速增长。但在 1990 年至 1991 年期间，在全国范围内掀起了一股反对"自由化"、反对"市场经济"的政治化热潮。改革开放和发展市场经济，一时受到了"左"倾思想的干扰。在此情况下，邓小平于 1992 年年初南下武昌、深圳、珠海、上海等地，作了一系列重要讲话，其中的核心就是回答了什么是社会主义、怎样建设社会主义这个根本问题，市场经济到底姓"资"还是姓"社"的问题。邓小平指出，市场经济是一种手段，资本主义可以用，社会主义也可以用。邓小平的重要讲话回答了我国理论界长期以来争论不休的社会主义能不能搞市场经济的重大理论问题，从而扫清了来自思想理论方面的障碍，为我国社会主义市场经济的顺利发展拨正了航向。

党的十四大郑重提出了我国经济体制改革的目标是建立社会主义市场经济体制，科学地界定了社会主义市场经济体制的内涵：就是要使市场在社会主义国家宏观调控下对资源配置起基础性作用，使经济活动遵循价值规律的要求，适应供求关系的变化，通过价格的杠杆和竞争机制的功能，把资源配置到效益较好的环节中去，并给企业以压力和动力，实现优胜劣汰；运用市场对各种经济信号反映比较灵敏的优点，促进生产和需求的及时协调。党的十四大对社会主义市场经济的理论阐述，集中体现了十一届三中全会以来我们党对计划与市场相互关系问题探索的科学成果，对中国共产党关于社会主义市场经济道路的形成具有标志性意义。

第四阶段，社会主义市场经济初步建立阶段（1993—2002 年）。

1993 年 11 月党的十四届三中全会作出了《中共中央关于建立社会主义市场经济体制若干问题的决定》，就我国如何建立社会主义市场经济体制的重大问题，提出了 50 条大政方针及措施，勾画了社会主义市场经济体制的基本框架、总体规划和行动纲领，以及实现这个目标的总路线图。1995 年 9 月党的十四届五中全会确定了到 20 世纪末初步建立社会主义市场经济体制和到 2010 年形成比较完善的社会主义市场经济体制的具体目标。1997 年 9 月党的十五大进一步提出了国有经济“有进有退、有所为有所不为”，以及大力扶持和鼓励民营经济发展的改革思路，从理论上澄清了股份制经济是姓“公”还是姓“私”的模糊认识。1999 年 3 月，九届全国人大二次会议修改《中华人民共和国宪法》，在《宪法》（序言）的第十二条中，增写了“不断完善社会主义的各项制度”“发展社会主义市场经济”等新的内容。从此，“发展社会主义市场经济”“完善社会主义市场经济体制”就被纳入国家的根本大法中，使之走上了规范化、制度化、法制化的轨道。

通过我们党几代领导人的艰苦探索和 20 多年的改革实践，我国的体制创新已取得显著成绩，2000 年 10 月，党的十五届五中全会指出：我国社会主义市场经济体制初步建立，这是中华民族发展史上一个新的里程碑，对我国社会主义市场经济发展和制度建设取得的阶段性成果，作出了全面、公正、客观的评价。

第五阶段，社会主义市场经济完善成熟阶段（2002—2020 年）。

改革的不断深化，极大地促进了社会生产力、综合国力和人民生活水平的提高。但也要看到，社会主义市场经济体制还不完善。根据世界经济科技发展的趋势和我国经济发展新阶段的要求，2002 年召开的党的十六大提出："本世纪头二十年经济建设和改革的主要任务是，完善社会主义市场经济体制，推动经济结构战略性调整，基本实现现代化，大力推进信息化，加快建设现代化，保持国民经济持续快速健康发展，不断提高人民生活水平。"按照党的十六大提出的战略部署，党的十六届三中全会提出了完善社会主义市场经济体制的目标和主要任务，即"按照统筹城乡发展、统筹区域发展、统筹经济社会发展、统筹人与自然和谐发展、统筹国内发展和对外开放的要求，更大程度地发挥市场在资源配置中的基础性作用，增强企业活力和竞争力，健全国家宏观调控，完善政府社会管理和公共服务职能，为全面建设小康社会提供强有力的体制保障"。到中国共产党成立100周年的时候，社会主义市场经济必将在中国完善和成熟。

2013年11月，党的十八届三中全会审议通过《中共中央关于全面深化改革若干重大问题的决定》（以下简称《决定》），《决定》指出，经济体制改革是全面深化改革的重点。其核心问题是如何处理好政府和市场的关系，使市场在资源配置中起决定性作用和更好地发挥政府作用；坚持和完善基本经济制度，加快完善现代市场体系、宏观调控体系、开放型经济体系，加快转变经济发展方式，加快建设创新型国家，推动经济更有效率、更加公平、更可持续发展。这是指导我国到2020年全面建成小康社会、深化"五位一体"改革的纲领性文件。《决定》首次提出使市场在资源配置中起"决定性"作用的论断，代替"基础性"作用提法，《决定》的新提法、新论断，是我国全面建设小康社会新阶段为进一步积极稳妥地从广度和深度上推进市场化改革而提出的新指针，具有重大的理论和实践意义。我国将在全面深化改革的基础上，到2020年建成比较完善和成熟的社会主义市场经济体系。

（二）我国农村市场化发展的历程回顾

改革开放以来，我国农村市场化发展历程大致可以划分为三个阶段。[①]

第一阶段，农村市场经济体制初建阶段（1979—1984年）。

---

① 习近平：《中国农村市场化研究》，博士学位论文，清华大学，2002年。

这一阶段主要进行了三个方面的改革：一是改革农业生产基本经营制度，由计划经济体制下的人民公社经营体制转变为符合市场经济发展要求的农村家庭联产承包责任制。到 1983 年年底，全国农村实行联产承包责任制的生产队占总数的 98.6%，其中实行家庭联产承包责任制的生产队占 97.7%。

二是将市场机制引入农产品流通领域，缩小农产品统购派购的品种范围。1979—1982 年，国家多次调减了粮食征购基数，全国粮食的征购基数由 377.5 亿公斤减到 303.2 亿公斤，之后，国家又分别于 1983 年和 1984 年，两次调减了统购派购的农产品品种范围，将原商业部主管的一类农副产品从 46 种减为 12 种，将原国家医药管理局二类中药材从 54 种减为 24 种，淡水鱼和二类海产品全部退出派购，扩大了农产品商品交换的品种和范围。

三是大幅度提高农产品价格，恢复农产品议购议销政策。1979 年，为了改变农产品价格长期偏低的状况，国家大幅度地提高了农产品收购价格，粮食、棉花、油料、生猪等 18 种农产品的收购价格，平均提高幅度为 24.8%。同时，还规定国有商业企业可按国家规定的指导价格，在市场上议购议销农副产品。

第二阶段，大力引进市场经营机制阶段（1985—1991 年）。

这一阶段的改革重点有三个。

一是取消农产品统购派购制度。从 1985 年开始，国家取消农产品统购派购制度，不再向农民下达统购派购任务。除粮食、棉花、油料、糖料和生猪等大宗农产品采用合同定购和市场收购外，其他农产品则放开经营，实行多家经营、多渠道流通、自由购销。

二是大量放开农产品价格。1986 年 5 月，国家物价局等 8 家单位联合发布《关于改进农产品价格管理的若干规定》，决定对农产品价格管理实行国家定价、国家指导价和市场调节价三种形式，明确规定除国务院有关部门管理的国家定价品种收购价格 17 种、销售价格 14 种和国家指导价格 11 种、出厂价 6 种外，其他农产品均放开，实行市场调节价。农产品市场化比例不断提高，到 1991 年，农产品收购总额中，国家定价、国家指导价、市场调节价的比重分别由 1984 年的 67.5%、14.4%、18.1% 变化为 22.2%、20.0%、57.8%。

三是以市场为基本运行机制的乡镇企业发展迅速。1984 年 1 月，中共中央在《关于 1984 年农村工作的通知》中指出："鼓励农民向各种企业投资入股；鼓励集体和农民本着自愿互利的原则，将资金集中起来，联合兴办各种企业。"同年，又根据农村经济发展的新情况，将社队企业更名为乡镇企业，突破了只能社队办企业、不允许经商的限制，使乡办企业、村办企业和农民合作企业、个体企业、私营企业等农村企业迅速发展起来。

第三阶段，全面推进农村市场化建设阶段（1992 年至今）。

这一阶段的改革重点如下：

一是大力加强农产品和农业要素市场体系建设。继 1990 年 10 月郑州粮食批发市场作为第一个农产品批发市场正式开业后，吉林玉米批发市场、哈尔滨粮食批发市场、安徽芜湖大米批发市场、山东威海花生批发市场、成都肉类批发市场等一批大型批发市场挂牌营业。1994 年 12 月，国内贸易部发布了《批发市场管理办法》，进一步把农副产品批发市场分为中心批发市场和地区批发市场，健全了农产品市场体系。

二是着力完善农产品和农业要素市场运行机制。1993 年以后，随着各地粮油商品交易所的陆续开业，会员制度、保证金制度、集中交易制度、竞价制度、每日结算等制度也随之建立起来。1994 年 12 月，国内贸易部发布《批发市场管理办法》，1996 年 11 月，农业部、国家工商行政管理局印发了《水产品批发市场管理办法》，使农产品市场的运行机制逐步得到完善。

三是深化农产品流通和购销体制改革。1998 年 5 月，国务院在《关于进一步深化粮食流通体制改革的决定》中，对转换粮食企业经营机制、实行政企分开、全面落实粮食省长负责制、完善粮食储备体系、建立和完善政府调控下市场形成粮食价格的机制、积极培育粮食市场等问题作出了规定，加强了对粮食等农产品流通的宏观调控。

综观我国农村的市场化改革，是在农村集体经济所有制改革，探索集体经济所有权、使用权和经营权分离的基础上，逐步完善经营管理体制，建立统分结合的双层经营体制，改革农产品流通体制，引入市场机制，逐步打破小农自然经济、半自然经济的过程。这就为农村宅基地使用权、宅基地开发经营权的改革和完善农村市场经济体制，创造了良好的市场化条件。

二　农村宅基地集约开发的市场化取向因素分析

面对我国社会主义市场经济体制日益完善的大环境和社会主义市场经济在农村地区的发展，在农村宅基地集约开发建设中，就要充分利用市场平台，借助市场手段，运用市场方法，推进农村宅基地集约开发。农村社会主义市场经济的发展，对农村宅基地集约开发的影响，包括开发资金的筹措（资本化）、宅基地开发的产业化经营、宅基地流转的产权制度、地方政府的宏观管理、引导激励等因素。本书就资本化、产业化、土地产权制度三个主要影响因素进行分析研究。

（一）资本化

农村宅基地集约开发需要大量的资金支持，这是毫无疑问的。运用市场化手段，筹措资金，投入宅基地集约开发，既解决农民的住房需求，形成社会效益，又能为地方政府、农民和企业带来一定的经济效益，这样，资金就转化为资本，故称为资本化。农村宅基地开发的资本运作可来自三个方面：一是政府资金，包括《土地管理法》规定的耕地补偿费（含土地补偿费、安置补偿费、青苗补偿费）、危旧房改造费、宅基地整理补助费、拆迁补偿费、新农村建设的部分资金等；二是建设用地开发收入；三是社会资金。

目前，新农村建设的资金也需要整合，与新农村建设有关的资金来自于财政、发改委、水利、教育、农业、建设、国土、交通、林业等各个部门，这些部门在项目的选取上往往各自为政、遍地开花，缺乏有效的整合和规划，也缺乏对农民意愿的了解。[①] 这些来自不同部门的支农资金，可以在政府部门的协调下，将其中有关农村住房建设的资金，以规划为引导，在村一级进行有效整合，优先投入农民最迫切需要的生产生活设施建设上，促进设施共建共享，就可以更好地发

---

① 《中国城市发展报告（2010）》（http://www.chinacity.org.cn/cstj/fzbg/66867.html）。

挥投资效益。

（二）产业化

农村宅基地集约开发在市场经济条件下，可以走产业化发展之路，使农村住宅建设成为农村建筑业的主体，带动农村经济的发展。农村宅基地集约开发的产业化之路应该在政府的主导下，以县级政府或乡镇为单位成立农业开发公司，集中开展农村宅基地开发、承包地流转等土地开发经营活动，由政府投资作为开发公司前期资本化运作的主体，在经营活动中吸纳另外两部分资金，开发公司就有了稳定的资金支持。不同地区、不同层级的开发公司之间可以相互协作、相互支持，逐步形成规模化经营、产业化运作，将逐步取代大部分农村地区分散零散的自建或小规模的建房行为，进一步推动农村宅基地集约开发。

农业开发公司成立后，逐步积累，规模化经营，能够带来良好的经济效益和社会效益，为开发公司、投资者带来稳定的经济效益，同时，通过吸纳农民转移就业、基础设施建设、农村建筑业发展等创造了良好的社会效益。

（三）土地产权制度

农村集体土地产权制度改革是农村宅基地集约开发的前提条件，其关键就是宅基地和承包地分开，允许宅基地使用权在不违背"一户一宅"原则的前提下自由流转。在我国现有的法律制度中，对农村宅基地流转的界定不够清晰，本书在第五章中作了专门分析。

农村宅基地使用权制度改革的基本要求就是：在坚持"一户一宅"原则的前提下自由流转，包括跨越农户所在集体经济组织，甚至不同县域、不同省份之间的自由流转，这样才能为农村宅基地集约开发创造良好的土地制度条件。农民才有可能选择在放弃原有宅基地，获得补偿的前提下进入城镇集聚居住，或者通过宅基地与城镇房产的置换，进入城镇集聚居住，农村宅基地集约开发才具有了现实可能性。

第七章

农村宅基地集约开发的现代化取向及对新农村建设的影响分析

第一节　农村宅基地集约开发的现代化取向分析

一　我国现代化发展的历程回顾

我国的现代化建设，从早期探索到全面推进社会主义现代化建设，大致经历了三个阶段。

第一阶段，现代化建设道路的初步探索（洋务运动至1956年）。

中国的现代化从洋务运动开始，西方的入侵把中国卷入世界现代化的浪潮，从此实现现代化成为中国社会不可逆转的任务。但20世纪前40多年的中国，没有主权独立和治权集中这两个实现现代化的条件，于是通过革命化走向现代化就成为中国的唯一路径。

新中国的成立，标志着中国的现代化开始由激烈的社会变革阶段向现代化建设阶段过渡。新中国现代化建设是中国共产党夺取全国政权后，把工作重心转移到经济建设上，提高生产力，实现富强、民主、文明的社会主义现代化强国这一战略目标的历史选择。

新中国成立伊始，党和政府的任务是通过新民主主义社会向社会主义社会过渡，当时我国只有约10%的现代工业经济、约90%分散的、个体的农业经济和手工业经济，根据这一基本国情，党中央确定了把国营经济建设成为整个国民经济的主体，允许有利于国计民生的资本主义成分存在、发展的建设方针；确立了以生产建设为中心，三年准备、十年建设的计划。

1953 年下半年，中共中央确定从新民主主义革命基本胜利到社会主义改造基本完成为"过渡时期"，制定了党在过渡时期的总路线，即"要在一个相当长的时期内，基本上实现国家工业化和对农业、手工业、资本主义工商业的社会主义改造"。所谓工业化，就是以机器生产来代替手工劳动。工业化是现代化的主体内容和重要基础。我国是一个贫穷落后的农业国，只有通过工业化，才能使中国由农业国变为工业国，国家才能富强。

第二阶段，四个现代化构想的提出与初步实践（1957—1978 年）。

1956 年前后，东欧社会主义国家掀起了社会主义的第一轮改革浪潮，使我国现代化建设的方针有了重要转变，即从单纯的工业化变为实现工业、农业、科技和国防四个现代化并进。把实现工业、农业、科技和国防四个现代化作为一个总方针完整提出来，有别于单提工业化的方针，是从 20 世纪 60 年代初开始的。1962 年党中央提出 1963—1972 年国民经济发展的初步设想时，提出其目的就是"奠定工业现代化、农业现代化、科学技术现代化和国防现代化的巩固基础，使我国的经济建设和国防建设切实地建立在自力更生的基础上"①。1964 年，周恩来总理在三届人大上正式提出要把我国建设成为具有现代农业、现代工业、现代国防和现代科学技术的社会主义强国，赶超世界先进水平。②

为了实现四个现代化，党中央曾经设想，从第三个五年计划开始，分两步走：第一步，建立一个独立的比较完整的工业体系和国民经济体系；第二步，全面实现农业、工业、国防和科技现代化，使我国经济走在世界的前列。

第三阶段，社会主义现代化建设的全面开始（1978 年至今）。

从十一届三中全会起，党对我国现代化道路和战略目标的认识进

---

① 《刘少奇选集》下卷，人民出版社 1985 年版，第 370 页。
② 《周恩来选集》下卷，人民出版社 1984 年版，第 439 页。

入了一个新阶段。在党的文件和国家领导人的讲话中，"社会主义现代化"和"四个现代化"两种提法交相使用，并逐步向"社会主义现代化"的提法过渡。这表明中国现代化的范畴已由四个方面向着中国社会整体的全面的现代化转变。

在改革开放的新时代，党对我国现代化的奋斗目标和实现途径进行探索，认识上有了新的发展。从物质文明建设来说，过去只讲工业、农业、国防和科技四个现代化，现在把发展生产力的最终目的——改善人民生活也包括在现代化的目标之中。由邓小平 1979 年首先提出，党的十二大、十三大确立为三步发展战略。党的十四大确立了实行社会主义市场经济的体制，以进一步加快改革开放和现代化建设的步伐。党的十五大对今后 50 年作了进一步的展望，指出在实现"三步走"战略时，又将跨出三大步：第一个 10 年，要实现至2010 年的发展规划，使国民生产总值比 2000 年翻一番，使人民的小康生活更加宽裕，形成比较完善的社会主义市场经济体制。第二个巨大进步，到建党一百年时，国民经济将更加发展，各项制度将更加完善。第三个巨大进步，到 21 世纪中叶，也就是中华人民共和国成立一百年时，达到中等发达国家的水平，基本实现现代化，建成富强、民主、文明、和谐的社会主义国家。

在新的历史时期，社会主义制度的完善、发展社会主义民主也成了中国现代化的目标之一。邓小平指出，在实行经济体制改革的同时，必须实行政治体制改革，健全社会主义法制，发扬社会主义民主，"我们进行社会主义现代化建设，是要在经济上赶上发达的资本主义国家，在政治上创造比资本主义国家的民主更高更切实的民主"[1]。在党的十二大后，建设高度的社会主义民主，就成了我国现代化建设的根本目标和根本任务之一。把建设高度的社会主义精神文明列为社会主义现代化建设的一项根本任务，也是新的历史时期党的现代化思想的丰富和发展。党的十二大上建设社会主义精神文明的任务被载入党章。

1997 年党的十五大提出"两个一百年"奋斗目标。在中国共产

---

[1] 《邓小平文选》第 2 卷，人民出版社 1994 年版，第 322 页。

党成立一百年时全面建成小康社会，在新中国成立一百年时建成富强民主文明和谐的社会主义现代化国家。这是对邓小平同志提出的"三步走"战略目标第三步的具体化。2002 年党的十六大提出，我国已经实现了"三步走"战略目标中的第一步、第二步，我们要在 21 世纪头 20 年，集中力量，全面建设惠及十几亿人口的更高水平的小康社会。2012 年党的十八大提出为全面建成小康社会而奋斗。

2017 年党的十九大是在实现第一个百年目标的关键节点召开的一次党代会，党的十九大提出中国特色社会主义进入新时代，规划了新的现代化目标。我们将在 2020 年全面建成小康社会，然后分两个阶段实现现代化目标，第一阶段，从 2020 年到 2035 年，基本实现现代化。第二阶段，从 2035 年到 2050 年，把我国建成富强民主文明和谐美丽的社会主义现代化强国。

二　农村宅基地集约开发的现代化取向因素分析

农村宅基地集约开发对农村的现代化建设具有重要的推动作用。通过农村宅基地集约开发这个支点，撬动整个农村地区的发展，对推进农业现代化、农村现代化和农民现代化具有重要的作用。下面作一些具体的分析。

（一）农业现代化

农业现代化是由传统农业生产部门转变为现代产业的演进过程，实现农业现代化，就是要用现代工业提供的技术装备武装农业，用现代生物科学技术改造传统农业，提高农业的综合生产能力和市场竞争力，同时保护生态资源，促进人与自然和谐相处和可持续发展。[①]

农村宅基地集约开发有利于推动农村劳动力向城镇转移，向第二、三产业转移就业，从而推动承包地流转，向种田能手和专业合作社集聚，向规模化经营发展，提高农业劳动生产率。

（二）农村现代化

农村现代化就是农村地区基础设施建设不断完善，公共服务体系

---

① 周琳琅：《统筹城乡发展理论与实践》，中国经济出版社 2005 年版，第 70 页。

建设大力发展，农民由分散居住走向集聚居住，生态环境不断改善，产业结构更加丰富，精神文明建设水平不断提高的过程。

农村宅基地集约开发能够直接引导农民向小城镇、中心村庄集聚居住，在宅基地集约开发过程中，就要优先建设水、电、路、网等基础设施，发展公共服务体系。农民集聚社区，有利于环境整治，生活废水、垃圾处理，美化环境。为农民书屋、文化娱乐场所建设提供了空间，有利于推动精神文明事业的发展。宅基地集约开发带动了城镇和中心村第二、三产业的发展，丰富了农村第一、二、三产业协调发展的经济结构。

（三）农民现代化

农民现代化就是塑造懂技术、会经营、懂管理的现代新型农民的过程。

农村宅基地集约开发首先就要求农民具有现代观念，乐于接受生活方式的改变。培养掌握现代农业科学技术的种田能手，适应农业规模化生产的要求。需要通过培训，使脱离农田的农民掌握一种专门技术、会经营、了解市场，具备在城镇第二、三产业部门就业的能力，农民的文化科技素质会有较大的提高。从而通过农村宅基地集约开发这·纽带，不断培育现代新型农民。

第二节　农村宅基地集约开发对社会主义新农村建设的影响分析

一　我国社会主义新农村建设的发展历程回顾

我国的社会主义新农村建设，从新中国成立开始，大致经历了三个发展阶段。

第一阶段，建设社会主义新农村的提出及初步探索阶段（1956—1977年）。

新中国成立初期，为了早日实现国家富强，国家开始实施工业化优先发展战略，需要农业为国家的工业化提供资金积累。为了加速农业发展，1956 年一届人大第三次会议通过的《高级农业生产合作社示范章程》提出了"建设社会主义新农村"的奋斗目标。邓颖超在这次会议的讲话中指出，高级农业生产合作社示范章程（草案）"是建设社会主义新农村的法规"①。这是中央领导人中最早提出建设社会主义新农村的概念。1955 年年底，毛泽东同志组织起草《一九五六年到一九六七年全国农业发展纲要（草案）》。随着人民公社化的不断加速，该草案成为建设社会主义新农村的纲领。1960 年 4 月，二届全国人大二次会议通过了关于为提前实现全国农业发展纲要而奋斗的决议。决议指出："中共中央制定的 1956 年到 1967 年全国农业发展纲要，是高速度发展我国社会主义农业和建设社会主义新农村的伟大纲领。"20 世纪 60 年代初期，为了解决粮食危机，中央决定减少城镇人口，压缩城镇粮食销量。开始将城镇人口向农村转移，1963 年 12 月，《中共中央、国务院关于动员和组织城市知识青年参加农村社会主义建设的决定（草案）》颁布，中央提出，在今后一个相当长的时期内，要动员和组织大批城市知识青年下乡参加农业生产，建设社会主义新农村。安置工作取得了显著成效。1962 年至 1964 年，全国动员下乡、回乡人员达 98 万余人。到农村去，到山区去，建设社会主义新农村，在我国城市知识青年中逐渐形成一个革命热潮。

这一阶段的社会主义新农村建设取得了较好的成绩，涌现出了以大寨为代表的一批典型。一大批"社会主义新农民"如陈永贵、吴仁宝、宝日勒岱，上山下乡知识青年如邢燕子、吕玉兰、侯隽等，成为建设社会主义新农村的榜样。农业和农村得到一定的发展，农民的生产生活条件得到一定的改善。国家开始实施水利化、机械化、良种化、化学化等措施，毛泽东提出了"水利是农业的命脉"，"农业的根本出路在于机械化"以及农业"八字宪法"等思想，全国兴建了很多水库和灌溉工程，至今仍然在发挥着作用。在新农村建设中，中央逐步建立了包括劳动保险、困难补助、生活补贴、社会救济和农村"五保"供养制度，1958 年以后建立了敬老院、合作医疗等简易的社

---

① 邓颖超：《在一届人大第三次会议上的讲话》，《人民日报》1956 年 6 月 24 日第5 版。

会保障组织，一定程度上改善了农民的生产生活条件。

这一时期的社会主义新农村建设也有需要汲取的经验和教训：单纯地把建设社会主义新农村作为一种动员手段，其目的是要求农业支持工业、农村支持城市，城乡差别越来越大，对农村建设很少投入。再者，把大寨经验教条化，抹煞了区域差别和自然条件差别，因此，不可能真正建成社会主义新农村。

第二阶段，改革开放后建设社会主义新农村的全面启动阶段（1978—2002 年）。

改革开放揭开了社会主义新农村建设的新阶段，1981 年 11 月，当时的国务院领导人在《当前的经济形势和今后经济建设的方针》报告中，号召全党带领和团结亿万农民，为建设社会主义新农村而奋斗。强调社会主义新农村建设要首先抓好农业生产，发展农村经济。要发展农村经济，必须改革人民公社体制，解放农村生产力，于是，家庭联产承包责任制应运而生。

农村基层党组织是党在农村全部工作的基础，是建设社会主义新农村的领导力量。1994 年 5 月，胡锦涛在河南农村调查时提出，农村基层党组织要把团结带领农民群众奔小康，大力发展农村经济，壮大集体经济实力，勤劳致富，走共同富裕的道路，发展"两个文明"，建设社会主义新农村，作为自己的根本任务。1996 年 10 月，胡锦涛在全国农村基层组织建设工作座谈会上强调："一定要把领导班子和干部队伍建设作为基层组织建设的治本之道、长久之计，下大力气和真功夫抓紧抓好，在乡村两级逐步造就一支政治强、思想好、清正廉洁、公道能干、同群众保持密切联系、能带领农民群众建设社会主义新农村的干部队伍。"① 为此中央先后开展了"三讲"和"三个代表"重要思想学习教育活动。

广泛深入开展社会主义思想教育，坚定农民的社会主义信念，是建设社会主义新农村必须解决的首要问题。1982 年 11 月，全国农村思想政治工作会议提出，必须加强对农村干部和群众的思想政治工

---

① 胡锦涛：《在全国农村基层组织建设工作座谈会的讲话》，《人民日报》1996 年 10 月 26 日第 2 版。

作，着力解决亿万农民的精神支柱和精神动力问题。党的十四届六中全会提出："要以提高农民素质、奔小康和建设社会主义新农村为目标，开展创建文明村镇活动。"① 中央提出到 2010 年的奋斗目标是：在经济上，不断解放和发展农村生产力；在政治上，加强农村社会主义民主政治建设；在文化上，坚持全面推进农村社会主义精神文明建设。

新时期社会主义新农村建设取得了巨大成就：从 1978—2004 年，全国农村贫困人口比例下降了 89.5%；农民人均纯收入增长近 22 倍；农村居民的恩格尔系数下降了 20.5 个百分点，涌现出了河南南街村、江苏华西村、北京韩村河村等新农村的典型。

改革开放以来，尽管我们为解决"三农"问题出台了一系列政策措施，但基本上属松绑和减负范畴，没有从根本上解决"三农"问题，其根本症结在于城乡分割的二元体制，工农关系、城乡关系没有得到根本调整，农村难以得到城市文明和工业文明的辐射带动。一些关系长远发展的深层次矛盾得不到解决，特别是农村发展的规划、机制、途径、组织保障等问题以及农村税费改革后乡村职能转变问题，都亟待从整体上研究和系统解决。

这一时期，农村家庭联产承包责任制改革拉开了我国改革开放新时代的序幕，调动了农民的积极性，解放了农村生产力，推动了农村经济快速发展，但由于我国社会深层的城乡社会二元结构和体制矛盾，农业仍然不稳定，在摇摆中前进，曲折地发展，始终没有找到破解"三农问题"症结的钥匙。但党和政府对"三农问题"日益重视，解决"三农问题"的政策越来越清晰，措施更加有力，为新世纪全力破解"三农"难题，实施新时期社会主义新农村战略奠定了坚实的政策基础。

第三阶段，新世纪建设社会主义新农村重大战略的实施阶段（2002 年至今）。

党的十六大提出了全面建设小康社会的宏伟目标，要求在新世纪头 20 年集中力量建设惠及十几亿人口的更高水平的全面小康社会。

---

① 《十四大以来重要文献选编》（下），人民出版社 1999 年版，第 2062 页。

要实现这个目标，其重点和难点在农村。为了加快农村发展，必须打破城乡二元体制，树立科学发展观，坚持城乡统筹发展。为此，在2003年的中央农村工作会议上，胡锦涛同志提出要把"三农"问题作为全党工作的重中之重，放在更加突出的位置。2004年9月胡锦涛同志在党的十六届四中全会上明确提出"两个趋向"的重要论断，他指出，农业是安天下、稳民心的战略产业，必须始终抓紧抓好。纵观一些工业化国家发展的历程，在工业化初始阶段，农业支持工业、为工业提供积累是带有普遍性的趋向；但在工业化达到相当程度以后，工业反哺农业、城市支持农村，实现工业与农业、城市与农村协调发展，也是带有普遍性的趋向。我国现在总体上已到了以工促农、以城带乡的发展阶段。2004年3月，温家宝同志宣布：为了切实减轻农民负担，我国将在5年内取消农业税。2005年3月，温家宝同志在《政府工作报告》中提出：2006年将在全国全部免除农业税。2005年，中央关于"三农问题"的第七个一号文件提出了"多予、少取、放活"的农业发展方针，努力破解"三农"难题。

建设社会主义新农村时代命题的提出。在党和政府一系列加强"三农"工作新理念、新举措的基础上，党的十六届五中全会提出了"建设社会主义新农村"的时代命题。全会通过的《中共中央关于制定国民经济和社会发展第十一个五年规划的建议》提出了"积极推进城乡统筹发展。建设社会主义新农村是我国现代化进程中的重大历史任务。要按照生产发展、生活宽裕、乡风文明、村容整洁、管理民主的要求，坚持从各地实际出发，尊重农民意愿，扎实稳步推进新农村建设"。2006年1月，胡锦涛同志主持中央政治局第二十八次集体学习时强调指出："要从建设中国特色社会主义事业的全局出发，深刻认识建设社会主义新农村的重要性和紧迫性，切实增强做好建设社会主义新农村各项工作的自觉性和坚定性，积极、全面、扎实地把建设社会主义新农村的重大历史任务落到实处，使建设社会主义新农村成为惠及广大农民群众的民心工程。"[1] 为此中共中央于2006年2月举

---

[1] 胡锦涛：《在中央政治局第二十八次集体学习时的讲话》，《人民日报》2006年1月27日第1版。

办了省部级主要领导干部建设社会主义新农村专题研讨班，要求省部级主要领导干部不断提高认识，真正把思想统一到中央关于建设社会主义新农村的重大决策和部署上来，努力提高建设社会主义新农村的能力和水平。2月21日，中央下发了《中共中央国务院关于推进社会主义新农村建设的若干意见》，其中"明确了今后五年我国经济社会发展的奋斗目标和行动纲领，提出了建设社会主义新农村的重大历史任务，为做好当前和今后一个时期的'三农'工作指明了方向"①。

新世纪社会主义新农村建设尽管刚刚起步，但是，党中央、国务院贯彻"多予、少取、放活"的大政方针，相继出台了一系列重大措施，取得了明显的成效。在多予上，调整国民收入分配结构，加大扶持"三农"的力度；在少取上，从2006年开始，全部免除农业税；减轻农民的义务教育负担，政府大幅增加投入，完全承担起农村义务教育责任，逐步把农村义务教育全面纳入公共财政保障范围，构建起农村义务教育经费保障的新机制；在放活上，加快农村改革步伐，搞活农产品流通，促进生产要素在城乡之间自由流动。各地积极扶持农村非公有制经济发展，引导农民进入小城镇就业和定居，不断改善农民进城就业创业环境，引导农村劳动力合理有序流动。社会主义新农村建设战略全面实施。

从2007年开始，全国城乡统筹发展综合改革试点全面启动，现在正在进行试点经验总结，嘉兴市正是浙江省确定的省级城乡统筹发展综合改革试点单位。这是党中央从根本上解决"三农问题"，破除城乡社会二元结构，推动社会主义新农村跨越式发展，建设全面小康社会的重大战略举措。

2013年以习近平同志为核心的党中央提出精准扶贫战略，打响了脱贫攻坚战，明确到2020年全面小康社会建成之时，全国所有贫困县摘帽、所有贫困户脱贫。这将是世界反贫史上的奇迹，中国扶贫史上的辉煌成就，将给我国农村的发展带来深刻的变化。2017年党的十

---

① 《中共中央国务院关于推进社会主义新农村建设的若干意见》，《人民日报》2006年2月22日第1版。

九大进一步规划在脱贫问题全面解决后，在农村实施乡村振兴战略，建设产业兴旺、生态宜居、乡风文明、治理有效、生活富裕的社会主义新农村。这将为我国从根本上解决"三农"问题，实现农业农村现代化，城乡一体化发展提供坚实的保障。

二　农村宅基地集约开发对社会主义新农村建设的影响

（一）是推进新农村建设的重要支点

党的十六届五中全会提出的社会主义新农村建设"二十字方针"，即"生产发展、生活宽裕、乡风文明、村容整洁、管理民主"，也是社会主义新农村建设的目标。其中"村容整洁"的目标，也是面向城镇化、市场化、现代化的农村宅基地集约开发工作所追求的目标。通过农村宅基地集约开发等途径，就能一步一步化为现实。当前不少农村地区在乡镇规划的前提下，开展的小康村镇、文明村镇建设，首先就是在农民居住方面提出的规范化、一体化、美景化要求，呈现在人们面前的就是村容整洁形象。但这些地方追求的是形象工程、面子工程，存在不少问题：违背农民意愿；不考虑每户农民的经济状况，强迫大拆大建；没有将农村住宅建设与农村经济发展、产业优化、农民生活质量提高等联系起来，有违新农村建设的初衷。在实现上述目标的基础上，我们才能进一步向产业兴旺、生态宜居、乡风文明、治理有效、生活富裕的乡村振兴目标迈进。

以农村宅基地集约开发为手段，在科学地做好乡镇发展规划和村镇建设规划的基础上，以地方政府为主导，提供财政支持，注重对农民的引导而非强迫，通过优先建设城镇住宅区、中心村镇农民社区的基础设施、公共服务体系，城镇第二、三产业的发展和就业培训，吸引农民到城镇和中心村庄集聚，这不仅能达到"村容整洁""生态宜居"的要求，以农村宅基地集约开发为重要支点，在农民集聚的城镇和中心村发展第二、三产业，引导农业的规模化经营，促进第一、二、三产业协调发展，使更多的农民就地转移就业，增加农民的收入，不断提升农民的生活质量，推动"生产发展、生活宽裕、乡风文明、管理民主"的新农村建设目标和"产业兴旺、生态宜居、乡风文明、治理有效、生活富裕"的乡村振兴目标实现（见图 7-1）。

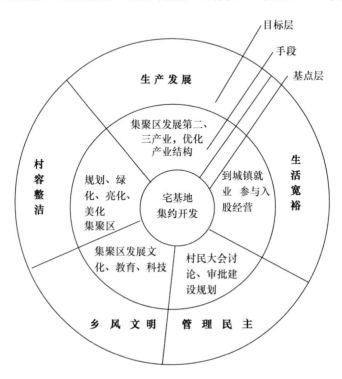

图 7-1　农村宅基地集约开发对新农村建设的撬动作用

（二）是保护耕地红线的有效途径

18 亿亩耕地红线，是我国粮食安全、农业安全的生命线。现在国家强调严格保护耕地，实行耕地占补平衡、先补后占。但同时城镇化建设高速发展时期，建设用地需求不断增加。化解这一矛盾，农村宅基地集约开发就是有效途径。

据全国土地利用开发状况调查，全国农村居民点人均用地高达190 多平方米，超过规定最高标准 150 平方米的 27%，共占地 5100万亩，在非农业用地中农村居民点用地 3.52 亿亩，人均为 272 平方米，城镇及工矿用地 0.28 亿亩。① 这就为农村宅基地集约开发提供了巨大空间。

---

① 王海平：《土地资源管理》，国防科技大学出版社 2008 年版，第 14 页。

　　通过农村宅基地集约开发，可以将城镇建设用地与农村腾退旧宅基地占补挂钩，为城镇化建设提供必要的建设用地。同时，还可以将农村腾退旧宅基地整理复垦为耕地，增加耕地总量，保证粮食安全。

第八章

农村宅基地集约开发的
典型案例研究

第一节 成都市郊农村宅基地集约开发

一 成都市郊农村宅基地集约开发的决策背景

中共十七届三中全会决定明确提出："完善农村宅基地制度，严格宅基地管理，依法保障农户宅基地用益物权。"成都市自 2003 年确立城乡一体化发展战略后就开始探索建立新型农村宅基地和房屋产权管理制度。中共成都市委、成都市人民政府于 2004 年 2 月 6 日发布了《关于统筹城乡经济社会发展推进城乡一体化的意见》，明确提出要"着力探索完善城乡居民房屋统一管理制度，实现城乡居民住宅产权属性和社会功能等同化"。成都市国土资源局于 2005 年 3 月 31 日发布《关于推动城乡一体化有关用地问题的意见（试行）》，对规划建设区内和土地整理中的农民宅基地使用权流转进行了明确规定：原有宅基地腾出的土地面积扣除集中建房用地后的剩余部分，在符合规划的前提下，可置换集中安排使用；原址符合规划的，可在原址作为建设用地使用。2007 年 6 月，成都市被批准为"全国统筹城乡综合配套改革试验区"，加快了农村宅基地制度的完善步伐。成都市委、市政府经过反复酝酿、多方征求意见于 2008 年初出台了《关于加强耕地保护进一步改革完善农村土地和房屋产权制度的意见（试行）》（成委发〔2008〕1 号文件），明确提出要探索建立对农民自愿放弃宅基地的补偿机制和建立城乡统一的房屋产权流转制度。

"5·12"汶川大地震后，成都市将农村宅基地制度的完善与灾后重建结合起来，先后颁布了《成都市人民政府关于坚持统筹城乡发展加快灾后农村住房重建意见》（成府发〔2008〕46 号）、《成都市国土资源局关于支持灾后农村住房重建的实施意见》（成国土资发〔2008〕332 号），明确规定，在规划确定的集中安置点，经农村集体经济组织 2/3 以上村民同意，可由集体经济组织引入社会资金进行综合整理和产业开发，在为受灾农户提供人均建筑面积不低于 35 平方米的住房后，节约的宅基地面积就地按照规划用于发展旅游业、服务业、商业和工业。

二　成都市郊农村宅基地集约开发的主要做法[①]

在成都市委、市政府的支持下，成都市各地充分发挥农民的首创精神，在提高农村宅基地资源配置效率方面创造了不少模式，比较有代表性的主要有以下几种。

（一）入股模式

这一模式由龙泉驿区龙华村首创，又称龙华模式。主要应用于城郊或经济开发区土地整治，其特点是：农户以宅基地使用权入股，成立具有"集体土地资产经营管理公司"性质的股份合作社，将农民集中居住后原有宅基地腾出的土地面积扣除集中建房用地后的剩余部分用于股份合作社搞商业开发。其实质是由集体企业代替房地产开发商直接在集体建设用地上进行建设和经营，将政府垄断的土地增值收益和开发商获得的超额利润还给农民集体。

龙华村地处成都市近郊城乡接合部，属成都国家级经济开发区新区，是成都中心城区与龙泉新城区的连接带。龙华村是一个典型的长期以果蔬种植为主的近郊传统农业村，农民分散居住，草瓦房占 70%以上，人均宅基地面积达 130 平方米，村内道路不通畅，基础设施落后，村级集体经济年年现红字。2004 年 6 月，龙华村利用经开区征地和土地整治机会，按照"群众自愿、创新实践、专家论证、民主决

---

　　① 王习明：《统筹城乡发展与完善农村宅基地制度——以成都市为例》，研究报告。

策、两委操作、政府引导"的原则，用农民的宅基地和征地补偿款入股申请注册了龙华农民股份合作社（所有的集体成员都是股民），推动农民集中居住、产业集中发展、土地集中经营。龙华股份合作社共整理出宅基地 372 亩，其中 130 余亩宅基地用于新居工程，修建安置村民的电梯公寓，全村 754 户都免费分得了人均建筑面积 35 平方米成套公寓；在新居工程周边口岸用 40 亩宅基地集中新建了 4.3 万平方米商铺，每人有 10 平方米的虚置产权（只保底分红，由村集体统一招商）；其他 200 亩被政府征用后建成商贸区 10 万平方米和商品房 60 万平方米，可提供 2000 个左右的就业岗位和 7000 多套住房。耕地由大户集中经营，主要发展观光休闲农业及种植花木。2007 年基本实现了龙华股民"三个一"（人均固定资产积累 10 万元，人均年收入 1 万元，"5060"人员人人享有 1 套社会保障房）的目标。

（二）置换模式

这一模式，又称"双放弃"模式。最初被温江区用于在城市有固定收入、自愿放弃农村宅基地使用权和土地承包经营权的农户，后来被龙泉驿区用于生态移民。其实质是用农村的宅基地使用权、农村土地承包经营权、农村集体成员权换取城市的居住权、就业权和社会保障权等权利。温江区于 2006 年开始实施"双放弃"政策，最初是为了解决温江区远郊进城务工农民在温江城区的购房、社保和子女入学问题。温委发〔2006〕66 号文件规定：凡家庭人均纯收入高于 5000 元/年且 80% 以上来自非农收入的农户，如自愿放弃农村宅基地使用权和土地承包经营权，可转入城市户口，享受与城镇人员一样的社会保障制度和就业安置政策（人均 9000 元），在城内优惠购买商品房，子女可就近入学。对于入住集中安置区的，前 3 年物管费全免，水电气补贴每户每月 20 元，后 2 年物管费减半征收，水电气补贴每户每月 10 元。2009 年，温江区有 257 户 703 人被安置在春江路大同上郡。大同上郡全部为 11 层电梯公寓，房屋有四种类型，供农户选择；楼层及单元由房主抓阄决定，照顾残疾人。这 257 户放弃宅基地 217.5 亩、承包地 656.5 亩，而这 257 户住房用地不到 20 亩，节省建设用地近 200 亩。龙泉驿区的生态移民开始于 2007 年，主要是为了统筹解决龙泉山脉深处农村发展困难和龙泉城区建设用地指标紧缺等问题。龙泉驿区计划用5—10年时间完成龙泉山区几万农民的整体移民，首先完成的是大兰村整体移民。大兰村面积13878.8亩，人口1654人，因地处龙泉山脉深处，水资源匮乏，交通不便，全村群众长期面临"出行难、饮水难、就医难、上学难、购物难、就业难、通信难、发展难、增收难"等问题，但大兰村宅基地面积人均达170平方米。龙泉驿区政府在充分调研并与大兰村民反复协商的基础上，出台了大兰村生态移民的办法：大兰村农户自愿流转土地承包经营权、宅基地使用权、自留地（山）使用权、林地使用权给乡政府并放弃集体经济组织成员权，政府给予农户人均35平方米的安置房、每人7000元的装修补贴、失地农民的社保待遇、免费就业培训和原有住房拆迁费、宅基地（含林地、自留地）与承包地上附着物补偿费。2009年10月，大兰村村民全部搬迁完毕基本实现了"移民五同步"：住新房、就新业、进社保、享福利、分股益，2010年4月已完成宅基地复垦验收，面积有373亩。

（三）联建模式

联建模式主要用于"5·12"汶川大地震后极重灾区的农房重建，分为内部联建（包括统规统建和统规自建）和外部联建两种，其实质是灾民通过集中居住和原宅基地复耕节约建设用地，然后通过出卖建设用地指标筹集部分建房资金。统规统建就是县乡政府为灾民在集中安置点统一建房。其特点是，灾民拆除自己已毁坏的房屋，放弃宅基地，并将宅基地复耕，以换取统规统建的安置房或者异地安置的补偿。自愿选择入住集中居住点安置房的农户，可免费分配一套人均35平方米的住房，人均36—50平方米部分按成本价的一半（700元/平方米）支付，超过50平方米的按成本价（1400元/平方米）支付。在房屋拆除至入住之前，每人每月补150元，超过一年的每月补200元。入住时交2000元保证金，原宅基地还耕验收合格时退还。安置房的建设资金来源主要有：①政府灾后建房专项补助金，平均每户2万元，最少1.6万元，最多2.6万元，根据受灾农户的经济状况与人口数量分类分档，其中人口以2008年5月12日受灾时的户籍人口为准；②社会建房捐赠资金，其中红十字会给每人捐 8000 元；③挂钩项目资金，每户 2 万元，主要用于住房的基础设施建设；④宅基地还耕后多出的建设用地指标出让金，成都市以每 15 万元收购，平均每户可节省约 0.4 亩的宅基地，获得约 6 万元的出让金。自愿选择异地安置的农户，按每人 3 万元的标准给予货币补偿。统规自建，就是集体经济组织的内部成员按照规划集中建设自己的住房。其特点是，灾毁农户拆除自己已毁坏的房屋，放弃原宅基地，并将原宅基地复耕，在本集体经济组织的集中规划点上按占地面积不超过人均 30 平方米的标准重新申请宅基地，建几层由户主自定，建房资金除上述四项资金外还需自筹，也可贷款。外部联建，又称开发重建，就是集体经济组织联合开发商（业主）建设灾毁农户的住房与业主的经营性用房，主要用于风景旅游区的灾后重建。其办法是，受灾农户将宅基地使用权交给集体经济组织综合开发以换取人均建筑面积不少于 35 平方米的住房，集体经济组织节约的宅基地面积流转给开发商建经营性用户，用于发展商业、旅游业和服务业。

三　成都市郊农村宅基地集约开发的创新之处

成都市在完善农村宅基地制度方面的最大创新之处就在于充分体现了农民主体理念，能够对农民赋权让利，以确保广大农民群众能在农村宅基地制度改革中普遍受益；充分贯彻了统筹城乡发展的战略，着力探索完善城乡居民房屋统一管理制度，以实现城乡居民住宅产权属性和社会功能等同化。主要体现在以下几个方面。

（一）建立了农民民主参与制度

在有关宅基地制度改革的方案设计中，充分尊重农民的首创精神和农民的意愿，给农民充分的知情权、决策权，不论是灾前的土地整理还是灾后的重建，只要涉及宅基地，就要提供多种方案供其选择。如灾前的"双放弃"必须由符合条件的农民主动提出书面申请，灾后的住房重建有多种方式供其选择。在涉及整个集体的宅基地流转时，还要广泛征求所有农民群众的意见，是否流转、如何流转、其流转收益如何分配都要由农民民主协商，其方案必须经 2/3 以上村民同意才能实施。如龙华村在股权认定时对"嫁出女""迎进郎"等难题的解决方案就是由广大村民在民主协商的基础上经 2/3 多数同意的。

成都市在农村宅基地使用权确权时，为保证公平与公正，也充分尊重了农民的意愿和发挥了农民的首创精神。政府没有制定具体的确权方案，所有的确权方案都由村民小组内的群众讨论决定，所有问题都由村、组成员民主协商解决。如何解决农户宅基地面积超标与人均拥有面积严重不均的问题是农村宅基地使用权确权的最大难题。成都市政府规划批准的农村宅基地是人均 35 平方米，但目前各农户实际拥有的宅基地面积都严重超标且农户间人均相差较大，最多的农户达到人均 1 亩，最少的农户人均不到 50 平方米。温江等地农民经过反复讨论与协商，终于想出了一个他们认为公平的制度：农户依法取得的宅基地按当前宅基地现状分别确权到农户，但农户宅基地面积超过规定面积的在土地登记卡和土地证书内注明超过标准的面积，在房屋拆迁或政府依法实施规划重新建设前仍由农户无偿使用；拆迁或重建时按规定面积重新确定使用权，原超出部分退还集体。征地时超出部分的土地补偿费属于集体，青苗费属于农户。村民认为这一制度公平的主要理由为：农村宅基地是依成员资格无偿取得的，其宅基地使用权必须由所有集体成员平均享有，法律保护的农村宅基地使用面积必须人人相等；在拆迁或重建前不改变宅基地现状，在拆迁时对现有宅基地上所有建筑物与其他附属物（含苗木）进行补偿，是为了保持社会稳定和保护房屋的财产权；流转收益特别是安置房的分配并不是根据农户原宅基地面积的大小，而是根据其家庭内的集体成员数量平均分配，就体现了农户宅基地使用权只能凭集体成员资格取得的原则。这一制度创造性地解决了宅基地使用权流动与房产权稳定的问题，既保证了宅基地使用权公平分配，又保障了房屋产权的神圣不可侵犯，其效果类似于"动账不动田"。

（二）建立了农民分享土地收益和农民集体参与集体建设用地开发利用的制度

这一制度既保证了农民普遍受益，又促进了集体经济的发展壮大。为了引导农民通过农村宅基地流转特别是集中居住，在耕地面积总量不减少的情况下，为工业发展和城市化建设节省出大量的建设用地，成都市制定了一系列激励制度，不仅提高了拆迁房屋的补偿标准和购买安置房的优惠待遇，其补偿费足以购买配套的安置房，有效地保障了农民的居住权；而且规定，农民住房集中区建设，除按定的标准建设应安置农民住房面积之外，可增加修建不超过30%的商业用房或居住用房或配套用房面积，以保持农民有长期的收入来源。前面提到的置换就是这系列制度的体现，置换后农户的住房条件均有不同程度的改善。为了在农村宅基地整理中增加农民的收入来源和发展集体经济，还建立了新增集体建设用地指标出让制度，允许集体经济组织出让通过集中居住节约出的宅基地指标，并允许有条件的集体经济组织成立集体企业直接参与节约建设用地的开发利用，如前面提到的龙华村。为了提高被征地农民的生活质量和收入水平，成都市不仅建立了强制性纳入城市居民社会保障体系的制度，而且还建立了为有劳动能力的人提供免费就业培训和免费推荐工作直到就业的制度。

（三）建立了有利于城乡房产统一管理的配套制度

最重要的是城乡统一规划制度、农村房屋产权和宅基地使用权确权颁证制度、新增集体建设用地指标出让制度。为了打破城乡规划分割的格局，促进城乡经济、社会、自然和人的协调发展，成都市在2004年就建立了城乡统一的规划制度。此后，农村新建或改建住房必须符合规划，有效地防止了农村房屋的乱建，促进了农民的集中居住，节约了土地。为实现农村房屋与城市房屋"同证同权"和农村房屋上市流转，成都市于2008年开始建立农村房屋产权和宅基地使用权确权颁证制度：为农村房屋所有权人统一颁发或换发建设部监制的房屋权属证书和国土资源部监制的宅基地使用权证，建立城乡房屋的统一登记制度，将农村房屋产权档案纳入统一的房产档案管理信息系统；经市区县人民政府批准修建的农民集中居住区房屋，参照划拨土地补出让金标准向土地所有权人交纳相关费用后，自主上市流转。集体建设用地指标出让制度充分利用了"增减挂钩"政策。原有零星分散的集体建设用地（主要为宅基地）复垦为耕地，复垦的耕地面积扣除新建农民集中居住区用地面积后的新增耕地面积指标可以出让用于城镇建设。2008—2009年，成都市政府收购灾区新增耕地面积指标的价格为每亩 15 万元，出让金主要用于灾后的农村住房重建。其中大邑县 2008 年出让 6000 亩指标，获得 9 亿元的灾后重建资金。非灾区的出让金可用于发展集体经济。农村宅基地是农村集体建设用地的重要组成部分，立法修改的关键是必须对农村宅基地使用权流转严格区分为存量流转和增量流转，并加强监管和加大对违法违规的处理力度。农村宅基地确权首先应进行宅基地的确权发证。改革之举措亟须突破。

第二节　嘉兴市农村宅基地集约开发

浙江省嘉兴市是个地级市，下辖五个县（市）两个区，市域 3915 平方千米，土地面积 601.3 万亩，其中农用地 411.8 万亩，占总面积的 68.5%；建设用地 135.4 万亩，占 22.5%；未利用地 54.1 万亩，占 9%。全市耕地面积 335.14 万亩，其中基本农田 283.05 万亩。135.4 万亩建设用地中有 60 万亩是农村居民居住用地。

一　嘉兴市农村宅基地集约开发的背景

嘉兴市委、市政府锐意改革创新，重视破解“三农”难题，推动农村发展，作出了一系列加快嘉兴农村发展的战略规划和重大决策。1999 年出台了《嘉兴市农业和农村现代化建设规划》，2000—2003 年实施了《关于推进农业和农村现代化“五个一工程”的实施意见》，取得一定成效。2004 年年初出台了《嘉兴市城乡一体化发展规划纲要》，全面实施城乡一体化发展战略和城乡空间布局、城乡基础设施建设、城乡产业发展、城乡劳动就业与社会保障、城乡社会发展和生态环境建设与保护六大专题规划。2008 年年初又制定印发了《嘉兴市打造城乡一体化行动纲领》，推动嘉兴城乡协调发展。

2008 年嘉兴市被浙江省委省政府确定为全省统筹城乡发展综合配套改革试点城市，要求嘉兴建设成为带动作用强、统筹水平高、体制机制活的统筹城乡发展先行区。嘉兴市委、市政府制定了《关于开展统筹城乡综合配套改革试点的实施意见》（嘉委〔2008〕36 号），启动了以优化土地使用制度改革为核心，包括劳动就业、社会保障、户籍管理、居住证制度、涉农体制、村镇建设、农村金融服务体系、公共服务、规划统筹等方面的"十改联动"。在推进农村土地使用制度改革方面，积极探索建立承包地、宅基地使用权流转机制，以点带面地开展了"两分两换"试点工作。① 组织力量研究制定了《关于开展节约集约用地试点加快农村新社区建设的若干意见》（嘉委办〔2008〕50号），推进节约集约用地，并将"两分两换"作为统筹城乡综合配套改革的核心和突破口，为进一步拓展城乡经济社会发展空间，加快打造城乡一体化先行地，率先在全省开展了探索与实践。

二　嘉兴市农村宅基地集约开发的总体思路②

（一）总体要求

深入贯彻落实科学发展观，按照浙江省委、省政府确定的开展统筹城乡综合配套改革试点工作的要求，坚持"十分珍惜、合理利用土地和切实保护耕地"的基本国策，以"宅基地置换城镇房产，土地承包经营权置换社会保障"为重点内容，以土地承包经营权整村整体流转、村庄整体搬迁集聚为主要形式，以体制机制创新为动力，全面提高现代新农村建设水平，加快推进城乡一体化先行地建设。

（二）基本原则

第一，坚持以人为本，保障农民权益。把坚持农民自愿、切实保障和维护农民权益、促进农民全面发展作为根本出发点和落脚点，贯穿在整项工作的始终。通过着力解决群众最直接、最关心、最现实的利益问题，确保农民安居乐业有保障，实现城乡居民共享改革发展成果。

第二，坚持依法办事，积极稳妥推进。在依法和现有土地制度基

---

① 嘉兴市委、市政府：《关于开展统筹城乡综合配套改革试点的实施意见》（嘉委〔2008〕36号），第2页。

② 嘉兴市委办公室：《关于开展节约集约用地试点加快农村新社区建设的若干意见》（嘉委办〔2008〕50号），第3—5页。

本框架内，严格按照法律法规进行。积极鼓励、引导农民自愿参与，不准强迫命令，不搞"一刀切"。加强管理、指导和服务，积极创造条件分阶段、分步骤推进，确保有序开展，取得实效。

第三，坚持科学规划，节约集约发展。以科学规划统领整个试点工作，按照城乡一体化的发展理念和建设资源节约型社会的要求，充分体现规划的前瞻性、科学性，优化环境布局，处理好局部与整体、近期与长远关系以及各类规划在空间和时间上的衔接问题，编制完善规划体系，严格防止出现多次拆迁、重复建设，做到土地节约集约利用有增量。

第四，坚持保护耕地，确保粮食安全。严格落实耕地保护目标责任制，确保耕地总量不减少、质量不降低。全面落实粮食生产责任制，进一步稳定面积，提高单产，确保粮食生产能力不下降并力争有所提升，保障粮食安全。

（三）总体目标

通过土地流转规模集约经营，促进产业融合发展，加快推进农业产业化；通过盘活农村非农建设用地存量和挖掘潜力，加快推进工业化；通过转移减少农民、提升农民，加快推进农村城镇化；通过加大以城带乡、以工哺农力度，改造农村、提升农业、转移农民，加快推进城乡一体化，实施"两分两换"，促进"四化"联动。建成一批规模大、层次高、效益好，第一、二、三次产业融合发展的现代产业园区，一批居住相对集聚、公共服务配套完善的现代宜居新社区和一批对农村极具带动作用和具备小城市功能的现代化网络型大城市基础性节点的现代新市镇。

（四）"两分两换"模式的内涵

"两分两换"就是在以人为本、保障农民权益的前提下，坚持"依法、自愿、有偿"的原则，将宅基地与承包地分开，搬迁与土地流转分开；以宅基地置换城镇房产，以土地承包经营权置换社会保障。具体含义如下。

以土地承包经营权置换社会保障有两种置换方式：一是在"依法、自愿、有偿"的基础上，采取转包、出租、入股等多种方式全部流转土地承包经营权，流转期限在 10 年以上的，按照城乡居民社会养老保险中城镇居民的缴费标准和待遇置换社会保障。二是在有农业投资开发公司承接和整片开发的基础上，鼓励农民全部放弃土地承包经营权，同时按照被征地农民养老保险政策置换社会保障。

以宅基地置换城镇房产有三种置换方式：在农户自愿的基础上，鼓励农民自愿放弃宅基地（包括住宅），多种形式置换。一是作价领取货币补贴到城镇购置商品房；二是到搬迁安置区置换搬迁安置（公寓）房；三是部分或全部到产业功能区置换标准产业用房。同时，积极引导农民按照城镇规划和村庄规划，通过多种形式置换建房，逐步向城市和新市镇集聚，促进农村居民集中居住，加快改善农村人居环境。

三 嘉兴市"两分两换"模式的主要做法①

（一）广泛发动，惠民利民

在全力打造城乡一体化先行地的工作基础上，按照开展"两分两换"试点工作的新任务、新要求，2008 年 6 月，嘉兴市委组织了市四套班子有关领导、县（市、区）和有关部门主要负责人，赴天津考察，学习该市东丽区农民宅基地换房的成功经验。8 月份，在"两分两换"试点启动之初，嘉兴市委、市政府领导多次深入基层，与镇、村的基层干部和村民代表以及"两代表一委员"进行座谈交流，统一各界认识。同时，市、县工作指导组到各试点进村入户做好宣传引导工作。党的十七届三中全会后，结合贯彻落实中央最新精神，以召开嘉兴市推进统筹城乡综合配套改革现场会的方式进行再动员、再部署，进一步梳理思路、突出重点，真正使全市上下的思想统一到市委、市政府的决策部署上来。

在推进"两分两换"试点过程中，嘉兴市坚持把以人为本的理念贯穿于始终。各级党委、政府在制定政策和办法时，都把立足点放在通过改革来实现城乡居民平等拥有发展机会、公平享受发展成果上。在政策办法上，充分征求基层干部群众的意见建议；在工作实施中，

---

① 嘉兴市委政研室：《嘉兴市开展"两分两换"试点，推进统筹城乡综合配套改革》。

把充分尊重农民意愿作为工作前提，并通过耐心、细致的方式向农民群众进行宣传解释，争取农民群众的理解、支持和拥护；在房屋置换、承包地流转等涉及农民切身利益问题上，让农民提前知情和全程参与，实行"阳光操作"，真正做到让农户"自愿置换、安心置换、快乐置换"，努力使试点工作建立在牢固的群众基础之上。

（二）试点先行，平稳推进

试点先行，大胆探索，逐步推开，是嘉兴市在改革工作中所坚持的一项基本方法。在全市七个县（市、区）先后启动了 9 个"两分两换"试点镇（街道）。试点镇（街道）区域总面积为 265.2 平方公里，农户 3.96 万户，人口 14.7 万人，宅基地面积 4.11 万亩（户均1.03 亩）。为确保试点进度和质量，定期组织赴各县（市、区）开展督促和指导，并根据试点进展情况及时召开试点工作交流会，总结推广好经验、好做法。各个试点平稳、有序、协调推进，2009 年上半年已基本完成调查摸底、镇域规划修编、试点方案制定、置换政策制定、投融资主体组建、农户置换申请评估等前期工作，2009 年下半年转入农村新社区安置建设的阶段。经过前阶段的工作，各试点镇（街道）启动了建设农民集聚新社区，组建了 8 个建设投融资主体，注册资金 8.75 亿元，共融资 14.1 亿元；签约换房农户 2172 户，落实安置公寓房、安置联排房为 969 户和 834 户，完成农房拆迁 662 户；流转土地承包经营权 3.126 万亩，约占全市流转总数的 7.95%；签约农业投资项目 6 个，签约投资额 6600 万元。

（三）有序置换，政策配套

通盘考虑改革力度、财政承受程度和群众的可接受程度，并统筹兼顾各方需求，使政策更切合实际、更具可操作性，这是事关改革成败的关键之一。2008 年 8 月，经广泛征求和兼顾各方面意见，嘉兴市政府正式出台了《关于开展节约集约用地试点加快农村新社区建设的若干意见》，明确了"两分两换"的具体置换办法。

土地承包经营权置换社会保障的置换程序。农户自愿全部放弃土地承包经营权的，在书面提出申请基础上，按照农业行政主管部门制定的统一文本格式，经村经济合作社同意，镇（街道）人民政府

（办事处）审核后，报县（市、区）人民政府审批。对全部放弃土地承包经营权的农户，由县（市、区）农业行政主管部门将置换社会保障的人员清册移交社会保险经办机构，按政策规定办理相关社会保障手续。

　　土地承包经营权置换社会保障的置换政策。分两种情况：第一，对以租赁或入股形式长期（10 年以上）全部流转土地承包经营权的，土地流转收益归农户所有。按《关于印发嘉兴市城乡居民社会养老保险办法的通知》（嘉政发〔2009〕11 号）文件规定参加城乡居民社会养老保险的，可选择按城镇居民缴费基数缴费，给予对应的财政补贴。今后如参加职工养老保险，按有关规定给予衔接计算。

　　第二，对自愿全部放弃土地承包经营权（法律上认可），符合有关条件的，可按以下三种情况参加社会养老保险。一是参加城乡居民社会养老保险的，可选择城镇居民缴费基数缴费，给予对应的财政补贴。今后如参加职工养老保险，按有关规定给予衔接计算。二是在有农业投资开发商承接流转土地的基础上，参照被征地农民标准和办法办理有关社会养老保障手续的，享受相应待遇。其中劳动年龄段以内的人员接续参加职工养老保险，按有关规定给予衔接计算。三是对已进单位务工，参加"低门槛准入、低标准享受"职工养老保险的，由农业投资开发商按职工当期缴费基数给予 4% 的补贴至其个人账户，或按置换社会保障有关标准给予一次性货币补偿；对已进单位务工参加职工基本养老保险的，继续参保并按置换社会保障有关标准给予一次性货币补偿。

　　以宅基地置换城镇房产的置换程序。分两种情况：一是农民自愿放弃农村宅基地（包括住宅），到城镇购置商品房定居落户的，由农户持相关证件资料向村经济合作社提出书面申请，同村、镇（街道）签订相关协议后，由各地按照政策规定进行经济补偿，村民委员会统一向镇人民政府申报，经审核上报县（市、区）人民政府批准收回宅基地使用权，由发证的人民政府依法注销其土地使用权和土地使用证。二是到城市和新市镇规划区置换搬迁安置（公寓）房和到产业功能区置换标准产业用房的，由置换户提出申请，与迁出地村、镇（街道）签订相关合同，并经规划建设、国土资源等部门审核批准后，到迁入地所在镇（街道）办理置换相关手续。

以宅基地置换城镇房产的置换政策。

（1）对放弃宅基地（包括住宅）进入城镇购买商品房的农户，政府对原住房直接给予相应的货币补贴，不再另外安排搬迁安置房用地，具体补贴标准由各县（市、区）按照实际测算自行制定。

（2）进入城市和新市镇规划区置换搬迁安置（公寓）房的农户，按照搬迁政策对原住房建筑面积实行房屋补偿，由县（市、区）、镇（街道）、村统一规划建设后，置换给农户，办理土地使用证和房屋所有证。农户也可以到镇（街道）、村统一规划的城乡一体新社区选择一个地方自建，换一个地方。

（3）产业功能区标准用房由所在县（市、区）或镇（街道）统一规划建设，按照农民安置住宅面积的1—2倍置换给农户（具体倍率按相应价值量，据具体项目而定），并核发两证。原则上实行集体统一招租，确保农户收益。

（4）置换安置房的农户可申请按揭贷款，各县（市、区）、镇（街道）财政安排一定专项资金进行贴息或建立专项担保基金，支持置换户购房的按揭担保。

（5）申请以宅基地换城镇房产的农村居民家庭要与村签订原宅基地交回或不再申请宅基地的协议，不再享受申请、使用农村宅基地的权利。

（6）农民入住城镇集聚社区后，原则上将户籍关系迁入社区管理，享有城镇居民在子女教育、职业培训、就业服务等方面与城市居民的同等权利，并继续享有原居住地村集体经济组织除申请宅基地以外的权益。

在实施过程中，针对试点中出现的新情况、新问题，又先后制定了《关于实施"若干意见"的补充意见》《关于减免"两分两换"试点相关规费支持新农村建设的若干意见》等政策文件，从而形成了比较完整的政策体系。

（四）分区施策，精准推进

南湖区：以七星、余新两个镇为重点推进"两分两换"试点工作。在全市率先成立了统筹城乡工作委员会及其办公室，制定了实施方案，出台了《南湖区土地承包经营权置换社会保障实施意见》《余新镇"两分两换"宅基地置换城镇住房实施意见（试行）》等推进"两分两换"试点工作的具体政策意见。2010 年 1—8 月，全区新增土地流转面积 19897 亩，其中已实现二次流转面积 7440 亩；已新启动农村新社区建设 29 个点，已竣工 932 户，在建 754 户，已拆除旧房 822 户；已举办三次较大型农业专题招商活动，已签约项目 12 个。余新镇结合"两分两换"试点的调整完善了镇域总体规划和村庄建设规划。注册成立了公司，作为运作主体实行封闭运行；积极开展了融资工作，余新镇拟从农发行融资 2.4 亿元，已基本落实。落实了启动区块建设用地，余新镇落实了 307 亩的土地调整空间和建设用地指标；开展了公寓安置房的规划和设计，余新镇已落实安置公寓房 300多套。余新镇明星村一期 158 户，已评估 136 户，签约 84 户，其中选择公寓房安置的 41 户已交房。

秀洲区：确定在以新塍镇为主体的特定功能区和王江泾镇开展"两分两换"试点。区委、区政府制定了《关于开展节约集约用地试点加快农村新社区建设的若干意见》，目前两个镇的试点工作方案已经初步完成。建立了试点工作指导组，并实行区领导联系制度，两个试点镇都相应建立了领导小组和专项工作组，并落实相关工作人员。组建了区、镇两级新农村建设投资开发公司，负责试点融资、新社区建设、土地整理等工作。其中区和新塍镇联合注册农业投资开发公司，作为新塍镇试点的投融资主体。王江泾镇注册成立新市镇开发公司，作为王江泾镇试点的投融资主体。两镇已与农业银行进行过业务对接，形成了初步意向。试点安置用地已通过"四类项目"用地途径向省国土资源厅作了申报。试点先行村（区块）摸底、宣传、发动等准备工作已经就绪，进入实质性启动阶段。新塍镇试点先行启动陡门村 7 个组、202 户的土地流转和搬迁安置等工作；王江泾镇试点先行启动太平村 12 个组、384 户的土地流转和搬迁安置等工作。

嘉善县：选择在姚庄镇进行试点。根据新修编后的《姚庄镇镇域总体规划》，将姚庄镇分为三大区块，即商贸居住区、工业功能区、生态农业区。新规划的商贸居住区总规划面积 1.2 平方公里，涉及 8 个村，4805 户农户，18049 人。总建筑面积 90 多万平方米，总投资约 18 亿元。经测算，按宅基地（住房）以一换一进行置换，需建设用地 1737 亩，可新增建设用地指标 3851 亩。嘉善县成立了投资开发有限公司，注册资金人民币 1 亿元，为"两分两换"试点主体公司在资金融通、建设开发、土地整理等方面的运作奠定基础。首期 317 亩建设用地指标已解决。

平湖市：确定当湖街道为试点镇。围绕市域总体规划，试点区域划分为客运物流区、商贸服务区、农民安置区。农民安置区设在城市控制区边界的通界村，作为 1＋X 的核心区先期开展"两分两换"试点。对"两分两换"推进中流转出来的土地，在城市控制区以外的，通过引进农业开发经营主体，推行农业规模经营，发展生态高效现代农业；城市控制区以内的土地，通过调整土地利用规划，用于开发建设。

海盐县：初步确定百步镇作为开展"两分两换"工作试点镇，并按照"一次规划、分步实施"和"突出重点、以点带面"的总体思路提出了分步实施工作方案，即百联村和农丰村的 6 个承包组 1532 亩范围为"两分两换"试点工作的第一步试点区域，经济开发区 15 平方公里左右范围内为第二步试点区域，在此基础上，探索经验在其他镇逐步推广。政策处理，承包地换社会保障方面，养老保险：为户籍在册村民办理被征地农民社会保障；宅基地面积的认定：按照住房、附属房、场地占地面积计，不计入土地补偿范围内，其余认定为承包地；土地征用费用：土地补偿费按照承包地（扣除宅基地面积）实际丈量面积计。宅基地换城镇房产方面，主体房屋补偿最高提高到 550 元/平方米；违章建筑以文件下发期限 2007 年 9 月 7 日为准，下发文件前建造的按估价 80% 收购，下发文件以后建造的按估价 20% 收购；安置房统一规划建造，五层公寓房，三证齐全，安置面积按照国土部门批准的住房建筑面积认定；实行先拆后建，安置房建造期间实行临时安置过渡。

海宁市：在许村镇开展试点工作。许村镇试点区域规划实施面积 15 平方公里，涉及 9 个行政村、1 个社区、70 个村民小组，人口

14470 人。先期启动双联村、景树村原郭湾和南联村原长丰区块，区域面积 5.1 平方公里，承包土地面积 6179 亩，农户数 1172 户，总人口 5142 人。农户宅基地 1290 亩，户均 1.1 亩，户均房屋建筑面积 540 平方米。在以土地承包经营权置换社会保障方面，主要鼓励和引导农民全部放弃土地承包经营权，由新组建的农业投资开发公司承接和整片开发，同时按照被征地农民养老保险政策置换社会保障。在以宅基地置换城镇房产方面，坚持在农户自愿的基础上，鼓励农民自愿放弃宅基地（包括住宅），多种形式置换，作价领取货币补贴到城镇购置商品房，置换（公寓）房。

桐乡市：确定龙翔街道作为全市"两分两换"试点镇（街道）。制定了《关于开展节约集约用地试点加快农村新社区建设的实施意见（讨论稿）》，通过组建三个平台（即安置房建设平台、土地流转平台、保障和就业服务平台）、运用四种置换形式（即货币安置、调产安置、统建安置、物业安置）、制定六步置换程序（即申请、评估、签约、注销、组织施工、选房）来保证"两分两换"试点工作的顺利实施。龙翔街道辖区农户 6793 户，总人口 25709 人，户均宅基地面积 0.92 亩，人均 0.24 亩。若按照农民统建房控制在 0.5 亩以内，公寓式安置控制在 0.3 亩以内的标准，通过实施"两分两换"全街道可节约宅基地 2800—4200 亩。龙翔街道党委、办事处建立了试点工作领导小组和相应工作小组，明确由街道村镇建设开发公司作为投融资主体，负责农村新社区建设开发、融资、土地整理等工作，并做了大量的前期调查、方案制定、项目立项等工作。

四　嘉兴市"两分两换"试点工作取得的成绩

经省、市确认的试点区、镇从原来的 9 个增加到现在的 14 个，区域总面积 582.13 平方公里，农户 8.83 万户，人口 33.18 万人，宅基地面积 8.82 万亩，承包地面积 31.54 万亩。已签约换房（或搬迁）农户达 16182 户，完成农房拆迁 12961 户，在建（已建）安置公寓房、安置联排房、单体房分别为 15267 套、6095 套和 2747 幢。流转土地承包经营权 7.35 万亩，已签约农业及第二、三产业投资项目 35 个，签约投资额 6.35 亿元。

　　推进百个城乡一体新社区建设暨实施农村土地整治示范项目的总体情况：编报74个项目，规划新社区建设167个，涉及行政村417个，整治区域面积91126公顷，耕地56868公顷，新增耕地5193公顷，其中宅基地复耕4096公顷，搬迁农户71433户，户均0.86亩，拆除建筑物2811万平方米，拟投资300.2亿元。零星搬迁20718户，规划宅基地复耕1409公顷，户均1.02亩；整体搬迁50715户，占总搬迁数的71%，规划宅基地复耕2689公顷，户均0.8亩。安置78712户，其中公寓安置30849户，占比40%，联排安置44974户，占比58%，货币安置1860户，占2%；安置面积2231公顷，其中新市镇1454公顷，占65%；建新安置选择在新市镇52232户，占比68%。

　　农村整体布局得到优化。将嘉兴市858个行政村13111个自然村规划集聚到40个新市镇镇区和376个城乡一体新社区。村庄布点大大减少、人口集聚度大大提高。

　　新市镇、新农村建设路子得到拓展。把"两分两换"与加快新市镇、新社区建设紧密结合起来，促进农民市民化、社区城镇化、城乡三次产业融合互动和城乡经济社会的转型升级，使试点工作成为新农村建设的一个新的有效载体，有力地拓展提升了现代新农村建设的内涵和层次。

　　土地节约集约效果明显。据测算，14个试点镇（街道）的土地节约率都在50%以上，仅一期至少节约土地7000多亩，年均可节地1万多亩。如姚庄镇以公寓式安置户均占地为0.245亩，以联排式安置为0.354亩，户均节约用地0.8—0.86亩，节约率达到了74.2%。百个"两新"工程节地率在50%以上。

　　农民财产性收入增加。试点安置房均采取政府主导开发建设，不仅实行了政策支持（对置换农户补助和奖励）和规费减免，降低了置换成本，而且以公寓房安置的房产具有土地证、房产证，可以进入房产市场，使农民财产得到了保值升值。此外，在试点中，一些试点镇结合工业功能区和市镇商贸区建设，为农户安排了相应的产业和商业用房，搬迁农户可以通过入股等形式参与获得租金红利，加上土地流转收益（每亩每年在600元以上，并逐年递增），可以获得长期稳定的收入。

农村土地综合整治得以深入开展。2009 年浙江省要求嘉兴市通过土地开发整理复垦新增耕地 1.72 万亩。通过"两分两换",嘉兴市立项建设用地复垦项目 125 个,复垦面积 8670 亩,其中宅基地7650 亩,新增耕地面积 8520 亩;立项土地开发项目 81 个,开发面积 12495 亩,新增耕地面积 11415 亩,以此保障全市耕地占补平衡。

五　嘉兴市七星镇"两分两换"集约开发模式的典型分析

七星镇属于嘉兴市南湖区,是中国共产党一大会址南湖所在地,紧邻嘉兴市中心城区。七星镇以嘉兴市倡导的中国共产党"红船精神"为指导,敢于突破创新,较早开始了"两分两换"的试点工作。

七星镇先后制定了《七星镇土地承包经营权置换社会保障实施办法》和《七星镇农村住宅置换城镇房产实施细则》,有力地保证了"两分两换"试点工作的开展。

(一)七星镇土地承包经营权置换社会保障的具体做法①

土地承包经营权置换流转费保障办法:以户为单位流转土地承包经营权至二轮承包期止,土地承包经营权有偿流转费按每年每亩 700元的标准为基数,并从第二年起按照每年每亩递增 50 元的标准增加土地承包经营权有偿流转费。

1. 土地承包经营权流转置换城乡居民社会养老保险补助办法

置换方式:以户为单位,在办理好土地承包经营权全部流转到二轮承包期止和农村住宅置换城镇房产的农户,按照《七星镇农村住宅置换城镇房产实施细则》的认定政策来认定参保补助的人口数量,独生子女按一人计算。在给予参保补助的基础上,置换城乡居民社会养老保险。

置换标准:以户为单位,以政策认定的人口数量,按照 16 周岁

---

① 嘉兴市七星镇统筹城乡综合配套改革领导小组:《七星镇土地承包经营权置换社会保障实施办法》(七统〔2008〕2 号)。

（含 16 周岁）以上的每人补助 12000 元，16 周岁以下的每人补助 4000 元的标准进行参保补助。

根据嘉政发〔2007〕71 号文件规定，满 16 周岁以上居民，按城镇居民缴费基数办理年度缴纳手续；满 60 周岁以上的居民，按城镇居民缴费基数办理一次性缴纳手续，次月起享受城乡居民社会养老保险中的城镇居民养老保险待遇。

在 2008 年 10 月底以前已经办理土地流转的区域，70 周岁以上高龄老人享受以上政策后，将不再享受嘉兴市南湖区绿舟农业科技发展有限公司对高龄老人发放每月 100 元的生活养老补助。

2. 置换手续办理和资金结算顺序

（1）置换手续办理：以户为单位，对符合城乡居民社会养老参保范围和对象的人员，在办理好土地承包经营权全部流转、农村住宅置换城镇房产手续后，办理置换城乡居民社会养老保险手续。

（2）资金结算顺序：以户为单位，按政策认定人口数进行补助，该补助用于参加城乡居民社会养老保险，补助部分对个人缴费资金出现不足时，由农户自行补足。对已参加其他社会养老保险的人员，要提供相关参保凭证资料，然后对补助部分再行结算。上述结算时间与城镇房产交付时间统一。

3. 其他相关说明

（1）参加城乡居民社会养老保险人员如遇土地被征用，按照政策办理征地农民社会养老保障手续。如遇特殊情况，农户自愿放弃并永久性转让土地承包经营权的，由农户提出申请，经过村镇两级审核同意后，可参照被征地农民标准和办法办理有关征地农民社会养老保障手续。凡遇上述两种情况，在按征地农民办理社会养老保障手续时，由用地单位对其农民按南湖区被征地农民社会养老保障政策给予补差。

（2）参加城乡居民社会养老保险人员死亡，在办理注销手续后，其养老保险个人缴费账户存储本息余额一次性支付给法定继承人或指定受益人。

为了保证土地承包经营权置换社会保障办法的实行，七星镇镇政府还制定了建立平等充分就业体系，创建"充分就业村（社区）"，实行就业帮扶制、加强职业技能培训等配套措施。

（二）七星镇农村住宅置换城镇房产实施办法①

置换城镇住房的房源主要在七星新市镇范围内，置换产业用房的房源在七星镇规划工业园区范围内。

1. 置换方式

置换方式可分为置换城镇住房、置换产业用房、货币补偿。具体为：

第一，置换城镇住房。

城镇住房类型分为多层和小高层。城镇住房户型设计面积，A型：115 平方米，B 型：105 平方米，C 型：75 平方米，D 型：65 平方米。

城镇住房成本价：城镇住房成本价每平方米 1600 元，底层车库每平方米 400 元。农户选择小高层住宅不同层级的还有一定差额（见表 8 - 1）。

表 8 - 1　　　　　　　城镇住房层次差价标准表　　　　　（元/平方米）

楼层	一	二	三	四	五	六	七	八	九	十	十一
五层到顶	5	60	120	100	-285						
五层跃层到顶	5	60	120	100	0	跃层 -320					
小高层	5	60	120	100	-50	0	250	310	370	430	500

可置换城镇住房标准建筑面积：在按政策认定人口每人 40 平方米的基础上，每户再增加 60 平方米计算；户内 5 人以上（含 5 人）的可置换城镇住房建筑面积不得突破 260 平方米；户内四代同堂且人口在 6 人以上（含 6 人）的可置换城镇住房建筑面积不得突破

①　嘉兴市七星镇统筹城乡综合配套改革领导小组：《七星镇农村住宅置换城镇房产实施细则》（七统〔2008〕1 号）。

300 平方米；农户实际置换的城镇住房面积，允许超可置换城镇住房建筑面积 5 平方米；跃层面积按 50％ 抵扣置换城镇住房标准建筑面积指标。

城镇住房价格结算：城镇住房和车库面积以房地产管理部门核准面积为准，结算时，在可置换城镇住房建筑面积和允许超 5 平方米以内的面积，按城镇住房成本价结合层次差价结算。跃层按实际建筑面积结合层次差价计算。

第二，置换产业用房。

为增加农户收益，积极引导农户将置换的城镇住房建筑面积采用产业用房置换，价格按每平方米 1000 元结算。

根据置换的产业用房面积配发股金证，采用股本经营方式，按 6 元/平方米/月标准计算，每年年底结算。起算开始时间与城镇住房实际交付时间同步。

考虑到物价上涨因素，在城镇住房交付后，从第二年开始，对现行建造产业用房成本价在 1000 元/平方米基数上每年递增 50 元/平方米，五年内允许产业用房安置户向社会自然人进行转股交易，满五年政府按 1250 元/平方米回购。若五年期满后产业用房农户要求继续维持股本经营方式，以后政府对产业用房收购价按 1250 元/平方米保持不变，但允许产业用房农户向市场自由交易。

第三，货币补偿。

农户选择货币补偿的，需出具农户本人（户）已有住宅合法证件或已购住宅房屋合同（人均住房建筑面积不少于 30 平方米）。

农户符合上款条件，并按规定签约搬迁的，货币补偿款按下条"农户房屋评估补偿、补助标准"中的有关规定执行。

2. 农户房屋评估补偿、补助标准

评估标准：对农户农村住宅、农村非住宅房屋和附属物，由房地产评估机构依据农户《集体土地使用证》或其他合法的土地凭证，按照《农民住宅房屋补偿价格表》（见表 8 - 2）等相关补偿标准（见表 8 - 3、表 8 - 4、表 8 - 5）综合评估确认后给予补偿。

表 8 - 2　　　　　　　　农民住宅房屋补偿价格表

类型	结构等级	价格单位	补偿标准
楼房	砖混一等	元/平方米	290—340
	砖混二等	元/平方米	230—290
	砖混三等	元/平方米	190—230
	砖混四等	元/平方米	160—190
平房	砖混	元/平方米	160—195
	砖木一等	元/平方米	140—160
	砖木二等	元/平方米	120—140
	砖木三等	元/平方米	100—120
猪舍、生产用房		元/平方米	70—110
简易房		元/平方米	20—60
简易阁楼		元/平方米	20—70

注：本补偿标准按农户实际合法房屋建筑面积计算。

表 8 - 3　　　　　　　　农民住宅房屋成新率标准表

建成年份（从原批手续时间下一年计）（年）	成新率
1999—2004	9—10 成
1994—1998	8—9 成
1989—1993	7—8 成
1984—1988	6—7 成
1979—1983	5—6 成
1978 年以前	4 成以下

注：为便于更好地体现评估的合理性、公正性、公平性，具体操作时对房屋成新率估算：拆迁时间为 2008 年，建房在 2004 年（含 2004 年）以后的均按 10 成估算，2004 年（不含 2004 年）以前，建房每提前 1 年扣 1 元/平方米，扣到 15 年止；拆迁时间后移，估算作相应调整。

　　补偿标准：为鼓励农民居住城镇社区，减轻农民负担，对农户农村住宅、农村非住宅房屋和附属物在评估价补偿的基础上再给予补助，具体标准如表 8 - 4 所示。

表8-4　　　　　　　**农民住宅房屋附属物补偿标准表**

序号	项　　目		单位	单价（元）	备　　　注
1	电话移机费		只	按现行 实际补偿	
2	围墙		平方米	15—35	1. 简易：15—20元/平方米 2. 普通：20—30元/平方米 3. 标准：25—35元/平方米
3	围墙门墩		只	2000以下	1. 很好：1500—2000元/只 2. 一般：1000—1500元/只 3. 较差：200—1000元/只
4	自建水井		口	100—150	
5	机井		口	350	
6	农家炉灶		眼	100	煤气炉灶等不作补偿
7	普通水泥场地		平方米	15—25	临时浇水泥场地的，一律按 标准的2—3折计算
8	自建块石帮岸		米	60—100	
9	水泥池、粪池等		平方米	30	三格式粪池100—150/只
10	室外粪缸		只	20	
11	屋顶建筑水箱		只	200—400	
12	防盗门		扇	150	子母门按1.5扇
13	河埠		座	100—200	
14	卷闸门		平方米	90	
15	分体式空调移机		台	200	
16	热水器移机		台	200	
17	家畜 补偿	公猪	头	500	
		母猪	头	100	
		肉猪	头	50	
		羊	头	50	
		仔猪	头	20	
18	坛、 缸、 菜补偿	空坛	只	5	
		空桶	只	7	
		菜缸	只	50	
		咸菜	坛	8	

续表

序号	项目		单位	单价（元）	备注
19	农户分流农具综合补偿	被镇以上政府评为专业示范户	户	按实际评估酌情补偿	
		大户	户	2000	
		中户	户	1500	
		小户	户	1000	
20	大件农具补偿	农用水泥挂机运输船	艘	船只按区水泥船舶拆解补偿政策规定执行；挂机、柴油机另补 600 元/台套，缺件按 50% 计算	
		其他水泥农船	艘	按区水泥船舶拆解补偿政策规定执行	
		耕作拖拉机	台	800—1500	
		炮筒机	台	500	

表 8－5　　　　　农民住宅房屋主要装潢部位材料补偿标准表

主要部位	档次	材料代表品种	单位	补偿标准（元）	备注
地面部位：地板及地砖	高档类	樱桃木、红榉木地板、花岗岩地砖	平方米	80	
	中档类	硬木类地板、镜面砖、大理石地砖	平方米	60	
	低档类	杉木、杂木、小拼木地板、同质釉面地砖	平方米	30	
墙、顶部位：护墙及吊顶	高档类	花梨木、红榉夹板护墙及吊顶	平方米	30	含清油漆
	中档类	水曲柳夹板护墙及吊顶	平方米	20	含清油漆
	低档类	普通型三夹板护墙及吊顶	平方米	10	含清油漆
油漆墙地面（花格式）			平方米	8	
普通油漆、喷塑、墙纸			平方米	2—5	
墙面部位：墙内瓷砖、外墙砖	不分高、中、低档		平方米	20	

续表

主要部位	档次	材料代表品种	单位	补偿标准（元）	备注
阳台（窗）部位		铝合金封阳台（指楼层栏以上部位封阳台）	平方米	50—80	
		塑钢窗（含封闭式阳台）	平方米	80—100	
楼梯		不锈钢扶手	米	80	
卫生设施	普通类	普通坐便器	间	150—300	
	中档类	坐便器、浴缸	间	300—600	
	高档类	坐便器、浴缸、沐浴	间	600—1000	

注：①未列入附表的其他各类装潢材料，可套用市场平均价格的代表品种近档次作适当补偿。

②涉及部分装潢补助：根据实际状况评定。拆迁人不得突击装修（临时装潢包括新铺地板、新装夹板护墙及吊顶、铝合金封阳台等，符合标准的除外），凡突击装修者一律按标准的 2—3 折计算，所造成的其他损失由被拆迁人自负。

③对卫生设施的补偿：普通型卫生间的补偿按房屋拆迁补偿评估标准补偿，对原精细装潢的卫生间，按相应材质价格进行评估。

按政策认定的人口每人补助 1.5 万元；可置换城镇住房标准建筑面积以内部分每平方米补助 600 元；对农户按可置换城镇住房标准建筑面积置换后剩余的合法面积补偿标准，符合下列条件的应分段计算：剩余实际住宅建筑面积部分补偿 300 元/平方米；剩余已批未建面积部分补偿 400 元/平方米。

农户在接到置换通知时，经批准的尚在允许使用期限内的临时用房和未批但原已接受过处罚的置换房屋视为批准面积予以补偿。

凡批准的临时用房已超过使用期限，或原建房时因农业产业结构调整需要等历史政策原因，未正式办理批准手续的临时用房，或未经批准擅自建造的所有违章建筑，必须无条件拆除，不予补偿。但在置换期限内积极配合置换工作，及时签订置换协议的，则按照评估价的 50% 给予补偿，若农户不积极配合，置换人将移交执法部门依法裁决并强制执行的，其违法建筑不予补偿；凡抢建的建筑物一律不予补偿。

补助标准：

过渡期房租费补助标准：过渡房由农户自行解决，过渡期间，由嘉兴七新投资发展有限公司给予农户房租补助，过渡期房租费补助标准为：1—3人（含3人）每户每月240元，4人以上（含4人）按每人每月80元计算。过渡期限自农户签订协议，并搬出旧房交付旧房钥匙之日起，至嘉兴七新投资发展有限公司公告通知交付城镇住房之日止，过渡期两年，另加三个月装修期。

全部选择货币补偿或全部选择产业用房的农户从搬迁之日起，按上款房租费补助标准一次性补偿三个月房租费。

搬迁补助标准：由嘉兴七新投资发展有限公司按农户在册的常住农业人口，一次性补助每人200元。

3. 置换奖励办法

农户积极配合置换工作，嘉兴七新投资发展有限公司将给予如下奖励。

在领牌摸号后接受评估，并在当天签订置换协议的每户奖励2000元；

按时在签约期限内签订置换协议，每提前一天签约，按农户合法实际住宅建筑面积，每天奖励1元/平方米（最多10天）；

对配合置换工作不抢建和不突击装修的农户，给予按农户合法实际住宅建筑面积20元/平方米的奖励；

按时在搬迁期限内搬迁，经嘉兴七新投资发展有限公司验收，每提前一天搬迁，再按农户合法实际住宅建筑面积给予农户每天1元/平方米（最多20天）的奖励；

对在规定的签约期限10天内签订置换协议，且必须在规定的搬迁期限30天内完成搬迁的农户，在补助过渡房租费基础上再一次性奖励过渡费，小户2000元/户，中户2500元/户，大户3000元/户。

4. 置换认定办法

农户合法住宅建筑面积认定：按照《集体土地使用证》或其他合法的土地凭证记载的土地面积，结合农户住宅实际建筑面积进行认定。

人口认定：户内人口认定根据区域搬迁置换公告规定之日，按照公安机关登记的农户在册常住农业人口确定。领取农村独生子女证的未婚子女按两人计算。

凡《农村居民建房用地呈报表》在册登记人员，属下列特殊情况可计入户内人口：未婚现役军人；配偶属农业户口并在置换范围内的已婚现役军人；户口已迁出的全日制在校学生；正在劳动教养、拘役或服刑人员；通过土地征用已分流且没有享受过安置政策人员。

户的界定：户的界定以《集体土地使用证》和南湖区已审批同意的《农村居民建房用地呈报表》及户口簿为依据，一个《集体土地使用证》和一个农业户籍界定为一户。如两者不一致，以《集体土地使用证》为准。

特殊情况的界定：无证、无房的，以在置换范围内的农业户籍家庭界定为一户；已离婚但未重新登记《集体土地使用证》或未分户籍的，界定计入原户；离婚单身的一并计入原户。

5. 置换程序

申请。农户向所在村村民委员会提出"两分两换"申请，由农户作出自愿永久性放弃宅基地等承诺，经村民委员会批准后，方可进入评估程序。

评估。由嘉兴七新投资发展有限公司委托具有房地产评估资质的评估机构，对已出具"两分两换"申请书农户的农村住宅、非住宅房屋和附属物等进行评估，评估结果由农户签字确认。

选房。由嘉兴七新投资发展有限公司组织已评估确认后的农户进行挑选房源。

签约。由嘉兴七新投资发展有限公司与农户签订置换协议。

注销。签约后，由村民委员会统一向镇人民政府申报，经审核上报区人民政府批准收回宅基地使用权，并依法由发证机关注销其集体土地使用证。

腾房。在签订置换协议后，农户在规定期限内腾空旧房并交出钥匙。

房屋置换补偿费结算。农户住宅的评估补偿价及补助、奖励与城镇住房置换价在城镇住房交付时一并结算，多退少补。

交房。农户置换房屋由嘉兴七新投资发展有限公司统一规划建设，经竣工验收合格后向农户交付使用。

（三）七星镇"两分两换"试点工作取得的成绩

七星镇通过"两分两换"试点工作，在全市率先成立了统筹城乡工作委员会及其办公室，制定了实施方案，出台了《七星镇农民宅基地置换城镇住房实施细则》《七星镇土地承包经营权置换社会保障实施办法》《七星镇开展节约集约用地加快农村新社区建设的实施意见》等推进"两分两换"试点工作的具体政策意见、结合"两分两换"试点的调整完善了镇域总体规划和村庄建设规划。注册成立了公司，作为运作主体实行封闭运行，并积极开展融资工作。

2010 年 1—8 月，南湖区的七星镇（含余新镇）新增土地流转面积 19897 亩，其中已实现二次流转 7440 亩；已新启动农村新社区建设 29 个点，已竣工 932 户，在建 754 户，已拆除旧房 822 户，需搬迁农户 4011 户，七星镇现有宅基地面积 4158 亩，采取新社区公寓房安置，按户均 0.3 亩计算，需占用土地 1203 亩，将其余的宅基地复垦成耕地，可盘活存量建设用地 2955 亩，在不新增建设用地的情况下，通过城乡建设用增减挂钩，目前已落实了建设用地 386 亩，农民收入连续多年超过城镇居民收入，城乡居民收入比已缩小到 1.77：1，为经济社会的可持续发展提供更多的空间，形成了农民增收的有效机制。

第三节　农村宅基地集约开发典型案例的意义

一　是推进新型城镇化的有效途径

成都市温江区自启动新农村示范建设以来，按照"两化"互动、统筹城乡发展战略，立足城乡一体、产村相融，以全域就地城镇化为新农村建设基本思路，以农村土地综合整治、集约开发为基本抓手，建设六大产业功能区，统筹推进都市现代农业发展、基础设施完善、公共服务配套，引导农民改变生产生活方式，实现农民居住社区化、生产现代化、生活城市化。2010 年以来，大力推动高标准新村建设，建成新村（聚居点）90 个，实现 4.14 万户（11.33 万人）就地就近集中居住，聚居度达 47.42%，力争到 2020 年实现 100% 集中居住，农民全部过上城镇生活。[①]

嘉兴市通过实施农村宅基地集约开发，户均占地面积从 0.96 亩压缩到 0.5 亩，如果每年压缩减少宅基地 2 万—3 万亩，十年累计可压缩减少 20 万—30 万亩，相应增加城镇建设用地 20 万—30 万亩，实现"土地节约集约利用有增量"，将在很大程度上破解土地要素的瓶颈制约，拓展了经济社会发展空间，推进了新型城镇化建设。2010 年 1 月，嘉兴市颁布了《关于 2010 年深化统筹城乡综合配套改革全面推进"两新"工程建设的工作意见》，提出按照布局合理、规模适当、经济繁荣、生活富裕、环境优美、特色鲜明、具有较强集聚能力和带动作用的现代化小城市的要求，建设 40 个左右的新市镇。并且强调城镇建设规划的引领作用，在新市镇建设中，首先要按"1 + X"布点规划，即人口主要向新市镇镇区集中居住为主，根据实际保留少数几个具有相当规模的新市镇配套居住区，以"1 + X"布点规划引导新市镇建设，新建农民住房要以小高层和多层建筑为主，集约利用建设用地。这就是中国特色的城镇化之路。

这种中国特色的小城镇建设，有利于农民集聚居住、集约用地，引导农民从第一产业向第二、三产业转移发展。

二　是推动农村市场经济发展的有力杠杆

成都市温江区自 2010 年来，通过农村土地综合整治，将农民集约居住、原有宅基地复垦和商业开发相结合，撬动社会资金 24.5 亿元，加上政府新农村建设资金 25.3 亿元，用于发展都市农业，引入市场机制，发展农村商品经济，促进农村生产方式转变，初步构建了以现代花木产业为主导、有机农业和休闲农业协调发展的产业体系。着力培育和发展集体经济组织、龙头企业、农民专业合作组织等市场主体，积极推行"大园区 + 小业主""龙头企业 + 专业合作组织 + 农

[①] 李昌平：《四川新村建设指南》，中共四川省委农村工作委员会、省住房和城乡建设厅 2012 年 11 月编印。

户”"专业合作组织＋基地＋农户"等利益联结模式，建立股份经济合作社1137个、产业化龙头企业79家、农民专业合作组织105个，建立了"花香天府"、友庆现代花卉园等六大都市农业精品园区。农村商品生产初具规模，市场体系立足成都，辐射西南，为农村市场经济的发展奠定了坚实的基础。

嘉兴市通过实施"两分两换"的农村宅基地集约开发，每年拉动200亿元的投资，带动消费约80亿元，为嘉兴市GDP增长贡献1%左右，减少了农民重复翻建住房的浪费，增加了农民的财富积累和财产性收入。能有效解决工业化所需要的土地空间和人力资源等要素，推进工业化发展。能拓展农民发展空间，推动农民转移就业、转换身份，实现分工又分业、离土不离乡，改善了农民的生活环境和居住质量。

通过实施农村宅基地集约开发，充分调动了土地、农民、资本、市场等生产要素的流动，打破了村组的行政局限，按照市场化的原则，农民会选择向生活便利、环境优美的小城镇集聚居住；分散的宅基地和承包地会集中起来连片开发、规模化经营，提高了农业的规模效益，农民还可以流转承包地经营权获得收益、部分置换城镇开发区的生产用房入股企业获得收益，既盘活了土地资产，又增加了农民收入。农民增加的收益作为社会资本，在政府或开发公司的市场原则激励下汲取起来，投入第二、三产业的发展，形成了良性互动。生产力要素在农村得到培育引导，进一步推动了市场经济在农村的发展。

三 是适应农村现代化的客观要求

成都市温江区以农村宅基地集约开发为支撑，通过大力加强基础设施建设、提供高品质的教育文化医疗服务，促进农村生活现代化、城市化。2010年以来全区建成绿道195公里，硬化农村道路901公里，达到公交客运通达率100%、水利设施有效灌溉面100%、新型社区生活垃圾无害化处理率100%，在全省率先村村通宽带，率先启动"15分钟公共文化服务圈"建设，打造"15分钟基本医疗服务圈"，实施"全民健身工程"，健全区、镇、村（社区）三级管理服务网络。① 规模化的农村产业，聚居的社区、优美的环境、便捷的服务，提升了农民的生活品质，促进了农村的现代化建设。

嘉兴市通过实施农村宅基地集约开发，推动了农村的现代化发展。农民的承包经营权整村流转或转租给农业开发公司或种田能手，农用地可以连片开发，规模经营，有利于发展农业，推广农业科技，转变农业生产经营方式，加快了农业现代化的发展。农民集聚居住，生活社区化、便利化，提升了生活品质，走向了现代城镇生活。

农村宅基地集约开发，符合新农村建设的要求，引导农民集聚居住，推进居住社区化，有利于转变农民生活方式，优化消费结构，改善生态环境，促进公共服务城乡一体化，提升农村社区水、电、气、路等公共设施的服务水平，提高农民生产生活水平和生活质量，逐步实现生活宽裕、村容整洁、乡风文明的现代化新农村生活目标。

---

① 李昌平：《四川新村建设指南》，中共四川省委农村工作委员会、省住房和城乡建设厅 2012 年 11 月编印。

第九章

面向城镇化、市场化、现代化的
农村宅基地集约开发研究

在了解了农村宅基地管理开发的现状，剖析了存在的问题，分析了农村宅基地集约开发面向城镇化、市场化和现代化取向的影响因素，借鉴浙江省嘉兴市和四川省成都市农村宅基地开发"两分两换"的成功经验的基础上，本章力图构建我国农村宅基地集约开发的有效模式。

第一节　农村宅基地集约开发的原则

农村宅基地集约开发是一项系统工程，涉及农民、农村、农业、土地、政府、城镇、市场、工业、环境等众多因素，需要全方位、多角度分析、研讨、探索、设计，必须遵循以下基本原则。

一　集约性
集约的含义在《现代汉语词典》中解释为：一是农业上指在同一土地面积上投入较多的生产资料和劳动，进行精耕细作，用提高单位面积产量的方法来增加产品总量（跟"粗放"相对）。二是泛指采用现代化管理方法和科学技术，加强分工、协作，提高资金、资源使用效率的经营方式。[①] 集约性就是指集聚、集中的特点。农村宅基地开

---

① 中国社会科学院语言研究所词典编辑室编：《现代汉语词典》，商务印书馆 2012 年版，第 608 页。

发强调集约性，是必然的。这里所讲的集约性原则，一是指农民住宅在空间上的集聚，集聚于规划发展的城镇和中心村庄居民点，且新建住宅以多层、小高层和自建楼房为主，体现住房占地的节约性。二是指农民的集聚，作为农村住宅所有者的农民集聚于城镇和中心村庄，提升生活质量，满足其发展需要，是农村宅基地集约开发建设的根本目的。三是指产业的集聚，农村第二、三产业的发展向规划发展的城镇和中心村庄集聚，农村第二、三产业的发展才有市场，从农业中转移出来的劳动力才能就近转移就业，才能推动农村发展，农民富裕。四是基础设施建设和公共服务体系向规划发展的城镇和中心村庄集聚，才能增强农民进入城镇和中心村庄居住的吸引力，才能推动农村宅基地集约开发建设。正是有了农村宅基地的集聚，才能形成一系列的集约效益。

通过上述五个要素，即住宅、居民、产业、设施、土地的集聚，实现了集约的效益：减轻农民建房成本，提高农民的生活质量，保护和增加耕地，带动农村产业结构优化，推动农村发展。

二　人民性

人民性原则就是坚持以农民为本。满足农民的利益是农村宅基地集约开发建设的根本目的。农村宅基地集约开发，一是满足农民"居有其所""居有好所"的住房需求，改善居住质量。二是美化、优化农民的生活环境。通过优先建设水、电、路、网等基础设施，美化、绿化居住环境，为农民生活提供便利。三是满足农民的发展需求。在集聚的城镇、居民区建设学校、医院、农民书屋、娱乐设施、培训设施等，为农民的发展、保障创造条件。四是推动农民走向富裕。城镇第二、三产业的发展和农业的规模化经营，为农民提供转移就业的岗位和成为种田能手创造条件，引导农民创收致富。

当前，党和政府强调为农民办实事、办好事，权为民所用，情为民所系，利为民所谋。坚持人民性原则，农村宅基地集约开发就会成为一项民心工程。

三　差异性

差异性是指在农村宅基地集约开发过程中，不同的农户、不同的地区经济发展水平不同，拥有旧宅基地的情况等方面都不一样，选择宅基地集约开发的具体模式也会不同，要结合个人和当地的实际开展。

差异性包括两个方面：一是在同一地区，农民个人的实际情况不一样，如经济上每户收入不一样，选择住房面积大小会各有不同，农民个人的思想观念也有差异，选择住房类型也会各有喜好，个人是否具有到第二、三产业部门就业的能力有差别。二是不同地区农民、农村的差异。选择宅基地集约开发的模式也会不同。如东部、中部、西部三个地区，经济发展水平不一样，东部发达、中部次之、西部比较贫穷，各自选择的开发模式会不同。所以，我们要尊重个人的差异、地区的差异，允许按照农民个人和地区的实际，选择符合自己要求和特点的开发模式。

四　渐进性

渐进性就是指农村宅基地开发工作要充分尊重农民意愿，不得强迫命令，不提倡大拆大建、急拆急建，从时间上要循序渐进，逐步推进，切忌一步到位。

一般来说，农民建房、整修房屋的周期为十年左右，况且农民现有住宅的质量状况不一样，所以，政府规划部门在做村镇建设规划时，一定要从实际出发，兼顾农民住宅建设的周期性，规划尽量做到科学、稳定，循序渐进落实规划。

因此，在由地方政府主导的农村宅基地集约开发工作中，政府官员要摒弃急功近利的政绩观，强调规划的科学性、权威性，一切为了农民，着眼长远，耐心引导，才能实现宅基地集约开发的社会效益，促进城乡一体化发展。

五　协调性

协调性是指农村宅基地集约开发牵涉到多部门、各环节、多层次的利益关系，需要以政府部门为主导，协调好四面八方的关系，保证农村宅基地集约开发工作的顺利推进。

具体来说，协调四面八方，核心是协调地方政府—农民—开发公司三方的关系，地方政府和开发公司（从事宅基地开发、土地流转经营等的政府主办企业）的共同目的都是为了满足农民的住房需求，但地方政府必须站在新农村建设的全局高度谋划宅基地开发整理工作，开发公司作为企业经营要追求经济效益，都会面临许多矛盾和问题，需要协调解决。

基础是政府内部关系的协调，包括各级政府之间和部门之间的关系，各级政府之间主要是县—乡（镇）—村之间的关系，保持政策的连续性和稳定性；政府部门之间主要是协调好规划、土管、农经、财政、工业办、文化教育等部门之间的关系，形成合力。

外围是处理好第一、二、三产业的协调发展，宅基地开发整理与耕地保护、承包地经营流转、建设用地使用之间的关系，真正做到通过宅基地开发整理保证城镇建设用地需求，增加耕地数量。协调好宅基地集约与承包地经营流转，放弃承包地与转移就业的关系，确保通过宅基地集约开发，使农民发展生产，改善生活。

第二节　农村宅基地集约开发的法制保障

进一步完善农村宅基地管理，涉及方方面面，从法制建设角度提出如下对策。

一　加强法制宣传，提高农民的法律意识

农民的法制观念不强，最主要的原因是农村的法制宣传不够，农民的文化科技素质不高。要提高农民的法律意识，规范农村宅基地管理等，一要大力开展农村普法宣传和教育，在有关宅基地管理的普法宣传中重点宣传：《中华人民共和国宪法》中有关农村基本土地制度、财产制度的内容；《中华人民共和国土地管理法》中有关土地的所有权制度、规划制度、登记制度、"一户一宅"的管理制度等内容；

《中华人民共和国物权法》中有关不动产所有权、宅基地使用权等用
益物权等内容，以及其他相关法律制度中有关农村宅基地管理的制
度。逐步清除部分农民头脑中的宅基地私有观念，使农民进一步明确
自己在宅基地管理、使用、住宅建设中的权利和义务。

二要充分利用农民喜闻乐见的宣传手段和形式，争取达到好的宣
传效果。形式上贴近农民、农村，如村民大会、法制宣传栏、标语口
号式宣传墙、农民夜校讲座、文字资料宣传、案例示范等；内容上精
编精练，符合农民"口味"，如"宅基地集体所有""一户一宅""村
容整洁、规划先行"等。

二　突破农村宅基地流转的法制障碍

我国法律明确规定了农村宅基地的集体所有权属性，并且农民所
拥有的使用权是静态的，只能自己使用，不能流转，这样才造成了农
村宅基地与农民房产物权流转上的矛盾。如何使农民对宅基地的使用
权和宅基地上所建房产的使用权一致，即既可以自己使用，也可以出
租、转卖给其他农民使用，同时又为引导农民集约化居住、进城镇居
住奠定必要的法律制度基础。

学者们在研究农村宅基地时分析了这个问题，王克强[①]认为，农
村宅基地属于不同的集体所用，集体之间不能交换，农民固守在集体
土地上，其不可流动性阻碍了分散宅基地向城镇的集中。李瑾认为[②]，
我国现行的农村宅基地制度最根本的问题是产权问题，在市场经济条
件下，土地产权安排主要应满足以下条件：一是产权必须明晰，避免
产生不确定性；二是产权必须是排他的；三是产权必须是安全的；四
是产权必须是可转让的。陈广华、徐超[③]提出开展农村住房反向抵押
的建议：结合宅基地"三权分置"改革，建立健全宅基地使用权期限

---

① 王克强：《中国农村集体土地资产化运作与社会保障机制建设研究》，上海财经大
学出版社 2005 年版，第 178—179 页。

② 李瑾：《基于路径依赖理论的农村宅基地制度分析》，《安徽农学通报》2008 年第
11 期。

③ 陈广华、徐超：《农村住房反向抵押的法律障碍与实现路径研究》，《南方金融》
2020 年第 3 期。

制度；引入"居住权"并调整住房反向抵押规则；扩大农村住房抵押物处置受让人范围；建立健全宅基地价值评估制度。

根据新农村建设的实践发展，笔者建议①在《中华人民共和国土地管理法》等相关法律中，应明确规定：农民的宅基地属于集体所有，但使用权可以依法转让、置换。且转让必须符合"一户一宅"的原则。农村宅基地的置换还要打破乡村集体组织的界限，只有这样，才能引导农民建房向中心城镇集聚、向多层建筑发展、向进城务工且有稳定收入稳定居所的农民有偿置换农村房产的方向发展，为农村地区推进城镇化建设、节约集约利用土地奠定良好的基础条件。

三 确立村镇建设规划的"龙头"地位，发挥引导作用

1999 年《中华人民共和国土地管理法》第六十二条规定：农村村民建住宅，应当符合乡（镇）土地利用总体规划。规划是事业的先导，村镇建设规划对实现新农村建设"村容整洁"的目标具有重要的导向作用。科学的村镇建设规划要有利于农业结构调整和集约居住，有利于促进农业现代化发展和新农村建设进程，有利于开拓农村经济市场和发展村镇经济，有利于节约集约利用土地和改善居住条件，提高农民生活质量。针对农村住宅建设中规划欠科学、不切实际、执行不力等现象，在宅基地开发整理工作中，要从法制建设高度加强规划工作，突出规划的"龙头"地位，发挥引领作用。

一要科学制定村镇建设规划。按照新农村建设、城镇化发展的客观需要，科学确定村庄发展规模和发展空间，合理安排公共设施和基础设施，以节约集约利用土地为目的，通过村民大会等民主形式不断修正完善规划，保证规划的科学性。二要切合实际。规划要在充分了解村镇宅基地布局的实际、自然村落状况、农民住宅整理的周期、村镇发展目标的基础上，制定分阶段、分步骤实施的村镇建设规划。三要注重不同规划的衔接。村镇建设规划要与村镇土地利用总体规划、城市土地利用总体规划、耕地保护复垦规划相衔接。村镇建设规划要

---

① 邹世享、史清琪：《关于农村宅基地流转开发的法制建设分析》，《资源与产业》2011 年第 2 期。

依据村镇土地利用总体规划制定，村镇土地利用总体规划要与城市土地利用总体规划相衔接，符合城镇化发展要求。村镇建设规划还要符合国家耕地保护要求，将废旧宅基地复垦为耕地，制定宅基地复垦规划。四要提升规划的执行力。村镇建设规划制定以后，要广泛宣传，使村民家喻户晓，才能为规划的执行打下良好的基础。规划内容中要有关于规划执行、违规惩处的明确规定，提升规划执行的法制效力。对违规的村民住宅建设要坚决纠正，严肃处理违规现象，保证规划执行的权威性。

四　完善农村住宅登记制度

《中华人民共和国土地管理法》规定，国家建立土地统计制度，依法登记的土地的所有权和使用权受法律保护。《中华人民共和国物权法》第九条规定："不动产物权的设立、变更、转让和消灭，经依法登记，发生效力；未经登记，不发生效力。"按照我国法律规定，村民住宅等不动产的所有权和宅基地的使用权都要依法登记，颁发登记证书，其所有权和使用权才受到法律保护。目前我国农村村民由于法制观念、居住分散路途遥远或嫌手续复杂、基层政府服务不到位等原因，农民房产和使用的宅基地有不少都没有正式登记持证，一旦发生纠纷不便处理，也给地方政府的宅基地管理带来不便。因此，建议根据相关法律的要求，建立包括农民房产物权和宅基地在内的政府登记部门，如国土局、土管所等，并制定规范的登记制度，为建立面向城镇化、市场化和现代化的村民住宅建设制度奠定法制基础。

五　建立面向城镇化、市场化和现代化的农村宅基地集约开发激励制度

为了推进新农村建设的进程，保证村镇建设规划的实施，调动农民宅基地开发整理的积极性，必须结合国家耕地保护、土地整理的要求，建立一套面向城镇化、市场化和现代化的村民住宅建设激励机制。特别要强调以人为本，重视经济激励。建立"政府主导、市场操作、各方支持、群众参与"的资金投入机制。充分利用国家的土地整

理基金、宅基地复垦基金，补贴农民到村镇建设规划的住宅基地建房、以原有宅基地置换中心村镇、城市房产；鼓励基层政府利用非农建设用地开发的收益先期投入建设规划住宅区的水、电、路等公共设施，辅以补贴、宅基地置换等方式吸引农民到规划住宅区自建住宅；鼓励基层政府运用市场化原则、利用部分资金建立建设开发公司，在规划住宅区、中心村镇建设多层公寓、农民社区，以补贴、置换、农民自筹和较低价格出售等方式引导农民集聚居住，在形成农民社区的过程中引导农民调整产业结构，发展农村养殖、种植、家电、日用百货市场，等等，只要以多种途径和手段建立导向性的激励机制，引导农民向规划住宅区、中心村镇集聚，农村宅基地开发整理就大有可为。

我们只要按照面向城镇化、市场化和现代化的原则，不断完善农村宅基地开发的法制建设，就能逐步形成中国特色的城镇化格局，建设好现代化的新农村。

第三节　面向城镇化、市场化、现代化的农村宅基地集约开发模式构建

总结浙江省嘉兴市农村宅基地集约开发的"两分两换"模式的成功经验，遵照农村宅基地集约开发的五条基本原则，按照面向城镇化、市场化和现代化的基本要求，笔者设计了三种宅基地集约开发模式，即宅基地置换城镇（中心村）房产模式、放弃宅基地＋经济补偿模式和宅基地置换＋自建住宅模式。在此基础上，根据前文对宅基地集约开发的城镇化、市场化和现代化取向影响因素分析，设计了模式的十个构成要素。下面从模式的构成要素和类型两方面作简单的介绍。

一　宅基地集约开发模式的构成要素分析

结合第六、七章对宅基地集约开发的城镇化、市场化和现代化取向影响因素的分析，笔者把构成农村宅基地集约开发模式的要素分为

十个，并按照十个构成要素在农村宅基地集约开发实践中影响度的差异，分为三类：基础要素、辅助要素和关键要素，下面分别予以具体分析。

（一）基础要素

基础要素是农村宅基地集约开发的前提条件，笔者认为基础要素至少由三个影响因子构成，即科学规划，宅基地使用权流转，政府主导产业化经营。

科学规划。科学规划是农村宅基地管理开发的"导向标"，宅基地集约开发有赖于科学规划。现在党和政府十分强调农村规划的"龙头"地位、引导作用和约束作用。农村规划包括省级、县域土地利用总体规划，乡镇土地利用规划、乡镇建设规划、村庄建设规划等。要做到规划科学，就必须做到前述的"四要"。以规划引领农村宅基地集约开发工作有序、规范推进。

宅基地使用权流转。这是农村宅基地集约开发整理的必要前提，也是农村宅基地管理法制建设的一个难点。这里强调的流转必须是在遵守《土地管理法》中"一户一宅"基本原则下的自由流转。目前需要突破的是"农村集体土地只能在本集体经济组织内部流转"的法制障碍，实现跨越农民集体经济组织范围，直至跨越省级界限流转，才有利于宅基地集约。

政府主导产业化经营。社会主义新农村建设是党和政府的重要职责，更是各级农村主管部门的艰巨任务，农村宅基地集约开发需要大量建设资金，个人和企业难以承受。产业化经营是强调在农村社会主义市场经济迅速发展的今天，单纯依靠行政手段是不够的。只有既发挥政府的主导作用、法制的约束作用，又以公司化形式，开展产业化市场运作，发挥市场调配资源的功能，才能有效推进宅基地集约开发。

结合我们考察的嘉兴市宅基地集约开发的成功经验，在乡镇一级由政府主导成立农业开发公司，构建政府—农业开发公司—农民三者互动的宅基地开发产业化经营模式（见图9-1），经营包括宅基地流转开发、承包地流转经营等业务，有利于整合国家下拨的支农资金，吸纳社会闲散资金，促进不同地区宅基地集约开发的协作交流，提高农民的公信力，保证宅基地集约开发建设的顺利推进。

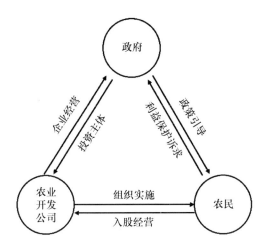

图 9-1　农村宅基地集约开发政府主导产业化经营模型

政府主导还要求建立规范、统一的土地使用登记制度。只有建立全国统一的规范化、信息化土地使用登记、颁证制度，才便于土地使用权确权工作，规范宅基地流转秩序，方便宅基地跨区域流转确认，为与户籍制度、合作医疗制度、社会保障制度衔接创造条件。

（二）辅助要素

辅助要素是农村宅基地集约开发的充分条件，影响宅基地集约开发的进程。辅助要素主要有三个：公共服务体系集约程度、居住环境和户籍制度改革等。

在农村宅基地集约开发工作中，辅助要素起着促进或阻碍作用。具体来说，公共服务体系集约程度包括水、电、路、网等基础设施建设水平，与生产、生活有关的行政管理、社会管理等公共服务机构在农民集约居住的城镇或中心村集中的程度，在第六章中有具体分析。居住环境指农民集约居住区周边环境绿化、美化、亮化、硬化（道路）水平。户籍制度改革指城镇户籍放开，接纳农民向集约居住区落户的户籍政策导向。

在规划的城镇居民区和中心村居民点，基础设施优先建设，公共服务体系比较完善，居住环境比散居时明显改善，生产生活服务设施比较齐全，户籍制度改革有利于农民到居住的城镇和中心村落户。这样才能极大地调动农民向规划的城镇居民区和中心村居民点集约居住的积极性，推动农村宅基地集约开发建设的发展；反之，辅助要素不能充分调动农民向城镇居民区和中心村居民点集约居住的积极性，就会阻碍农村宅基地集约开发建设的发展。

（三）关键要素

关键要素是农村宅基地集约开发的充要条件，决定宅基地集约开发的进程。笔者通过对宅基地集约开发的城镇化、市场化、现代化影响要素的分析，提出以下四个宅基地集约开发模式建构的关键要素：城镇房产因素、资本化、城镇就业机会、原有宅基地价值等。下面对四个关键要素的基本含义和作用进行具体分析。

城镇房产因素包括房产价格和地理环境。其含义在第六章中已有论述，结合当前的实际，城镇住宅房产的市场价格，对宅基地集约开发的导向作用更加突出。在农村社会主义市场经济日益发展的今天，城镇住宅房产作为关乎民生的商品，价格变动比较明显。当前随着经济社会的发展，人民生活水平的提高，住宅商品刚性需求的不断增加，城镇住宅商品的价格一路飙升，从大城市的飞涨扩展到中小城镇房价的攀升，迫使党和政府屡出重拳，调控城镇房价，大力加强保障房、安居房建设，保障住房民生。城镇房产价格的变动对农村宅基地集约开发的影响巨大。城镇房产价格较低，在农民收入所能承受的范围内，农民通过集约开发置换城镇房产的成本较低，农民就会愿意到城镇置换或购房居住，如果城镇房产价格较高，农民置换或购房成本高，农民就不会积极到城镇置换或购房居住。

资本化和城镇就业机会两个要素的含义和作用在第六章中有具体分析，在此不再详述。

原有宅基地价值是指原有宅基地的土地价值。农民原有宅基地价值大小可以分为三种具体情况：第一，原有宅基地距离城镇空间位置较近，进行工商业开发的价值大，原有宅基地价值就大，农民获得的征地拆迁补偿金额就会比较高，农民通过集约开发，置换城镇房产的成本较低，也就能够吸引农民到城镇或规划的中心村集约居住。第二，原有宅基地有利于耕地集约整理，政府提供的耕地整理补偿费高，原有宅基地价值也会比较大。第三，原有宅基地处于国家或当地政府工程项目征地范围内，征地补偿费高，置换或自建住宅的成本就会比较低，农民到城镇或规划中心村集约居住的积极性就会比较高。反之亦然。

二　宅基地集约开发模式的类型分析

在总结嘉兴市农村宅基地集约开发的"两分两换"模式的成功经验，分析农村宅基地集约开发模式构成要素的基础上，依据我国不同地区的实际和构成要素在宅基地集约开发实践中的不同作用，笔者将农村宅基地集约开发的模式分为三种类型：宅基地置换城镇（中心村）房产模式、放弃宅基地＋经济补偿模式和宅基地置换＋自建住宅模式。每种模式各包括基础要素、关键要素、辅助要素三个方面的内容。下面对三种模式做具体的分析说明。

（一）宅基地置换城镇（中心村）房产模式

宅基地置换城镇（中心村）房产模式是指农民以原有宅基地按照约定条件置换城镇或中心村房产。具体来说，可分为两种形式，以宅基地置换城镇（中心村）住宅和以宅基地置换城镇（中心村）住宅＋产业用房。以宅基地置换城镇（中心村）住宅的农民可以自我经营或流转承包地，一般不会放弃承包地使用权。以宅基地置换城镇（中心村）住宅＋产业用房的农民可以在城镇就业或创业，一般不会自我经营承包地，但可以流转承包地经营权获得收益。

这种模式适合的人群较多、范围较广。农民还可以在以宅基地置换城镇（中心村）住宅或置换产业用房两种方式中选择。一般在农村经济比较发达的地区，农民多选择以宅基地置换城镇住宅和以宅基地置换城镇住宅＋产业用房，在农村经济不够发达，特别是第二、三产业不够发达的地区，农民多选择以宅基地置换中心村住宅，自我经营或流转承包地经营权以获得收益。

下面运用数量关系对宅基地置换城镇（中心村）房产模式作简单的概括（见表9－1）。

表9-1 宅基地置换城镇（中心村）房产模式表

一级要素	影响因子	影响度	
		强	一般
基础要素	科学规划		√
	宅基地使用权流转		√
	政府主导企业经营		√
关键要素	城镇房产价格	√	
	资本化		√
	城镇就业机会	√	
	原有宅基地价值		√
辅助要素	公共服务体系集约度		√
	居住环境		√
	户籍制度改革		√

第一，宅基地集约开发模式由三类要素组成：基础要素、关键要素、辅助要素。三类要素各有若干个影响因子，其中基础要素含3个影响因子，关键要素含4个影响因子，辅助要素含3个影响因子，共有10个影响因子。

第二，关键要素中影响因子的影响度按不同模式中影响度的差异设置两个等级，第一等设置2个影响因子，第二等设置8个影响因子。具体如表9-1所示。

（二）放弃宅基地＋经济补偿模式

放弃宅基地＋经济补偿模式就是户口在本集体经济组织的农民放弃原有的宅基地，并且放弃在本集体经济组织享有无偿分得一处宅基地的资格，也就等于放弃在我国农村范围享有分得宅基地的资格（因为我国法律规定农民只能在自己户口所在的农村集体经济组织无偿分得一处宅基地），而以一次性经济补偿代替。经济补偿数额由村集体经济组织和农业开发公司对原有宅基地的评估价值商定。

这种模式的最大特点是放弃原有宅基地及无偿享有宅基地的资格。无偿分配宅基地，是我国农民的福利性保障，没有了农民身份，转变为城市市民后，就自动失去了这一项福利。所以，能够放弃原有宅基地的农民，即使还具有农民身份，一般来说，已经不在集体经济组织内从事农业生产劳动，而是转移到了非农产业就业，并且具有稳定的工作岗位和经济收入。这种模式适用的范围比较小，涉及的农民相对比较少，主要是已经从事非农产业工作，具有稳定收入、稳定工作岗位，已经或者准备在城镇买房居住，具有农民身份的农民。

在我国农村经济比较发达，城乡一体化建设起步较早的东部地区，以及其他农村经济比较发达的地区，运用这一种模式的可能性比较大。这一种模式能够最大限度地减少农村住宅占地，为增加耕地面积和城镇建设用地指标提供了可能。

下面运用数量关系对放弃宅基地 + 经济补偿模式作简单的概括（见表 9 - 2）。相关说明同宅基地置换城镇（中心村）房产模式。

表 9 - 2　　　　　　　**放弃宅基地 + 经济补偿模式表**

一级要素	影响因子	影响度	
		强	一般
基础要素	科学规划		√
	宅基地使用权流转		√
	政府主导企业经营		√
关键要素	城镇房产价格		√
	资本化		√
	城镇就业机会	√	
	原有宅基地价值	√	
辅助要素	公共服务体系集约度		√
	居住环境		√
	户籍制度改革		√

（三）宅基地置换 + 自建住宅模式

宅基地置换 + 自建住宅模式是指以原有宅基地置换当地政府规划的城镇住宅区或中心村庄内的农民居住社区或围绕中心村庄布局的居民点内的宅基地，农民自己筹资建造住宅的模式。

这种模式的特点是在保证宅基地向规划区域集聚外，农民具有较大的自主权，建造住宅的空间上要求集聚，时间上不一定集中安排，可以根据农民建造、修缮房屋的周期，循序渐进地实施。

政府在这一种模式推进过程中的主要职能是，做好村镇建设科学规划，以规划引导、约束农民向规划住宅区域集聚；引导农民自建多层楼房集约利用土地；通过先期投入的水、电、路、网等基础设施建设和环境美化，吸引农民到规划区域集聚居住。

这一种模式适用的范围比较广，在我国绝大部分农村地区都可以实施，这也是大多数农民乐意接受的宅基地集约开发模式。采用这一种模式的农民，大多数都是从事农业生产，既不离土也不离乡。所以，在开发这一模式的过程中，政府部门的规划一定要实事求是，照顾农民的生产需要，居民点设置不能离农民承包地太远，在基础设施建设中，也要尽量将路面硬化延伸到农民承包地附近，为农民机械化耕作、机车通行创造便利条件，农民才会真心乐意接受这种宅基地集约开发模式。

在农村宅基地集约开发实践中，以上三种模式是同时使用的，农业开发公司在一个区域的宅基地开发建设过程中，也应该是多种模式同时适用，这样，农民才能在一定程度上自由选择适合自身实际的宅基地开发模式，农民的利益才能得到切实保障。

下面运用数量关系对宅基地置换＋自建住宅模式作简单的概括（见表9－3）。相关说明同宅基地置换城镇（中心村）房产模式。

表9－3　　　　　　　　宅基地置换＋自建住宅模式表

一级要素	影响因子	影响度	
		强	一般
基础要素	科学规划		√
	宅基地使用权流转		√
	政府主导企业经营		√
关键要素	城镇房产价格	√	
	资本化	√	
	城镇就业机会		√
	原有宅基地价值		√

续表

一级要素	影响因子	影响度	
		强	一般
辅助要素	公共服务体系集约度		√
	居住环境		√
	户籍制度改革		√

三　宅基地集约开发模式影响因子的比较分析

从宅基地集约开发模式的构成要素与城镇化、市场化、现代化的关系来看，十个构成要素都与城镇化、市场化、现代化取向具有关联关系，体现了农村宅基地集约开发的价值取向，简单分析如表9-4所示。

综合来看，城镇化、市场化、现代化的取向本身是相互联系的，宅基地集约开发的构成要素的作用渗透在"三化"取向之中，也体现了"三化"取向，并且"三化"取向归根结底就是社会主义新农村建设的目标取向，建设社会主义新农村的目标就是推进农村地区的城镇化发展和农村市场经济体制的完善，实现农村的现代化。

表9-4　　宅基地集约开发模式构成要素与城镇化、市场化、
现代化取向的关联度分析

一级要素	影响因子	城镇化	市场化	现代化
基础要素	科学规划			√
	宅基地使用权流转		√	
	政府主导企业经营		√	
关键要素	城镇房产价格	√		
	资本化		√	
	城镇就业机会	√		
	原有宅基地价值		√	
辅助要素	公共服务体系集约度	√		√
	居住环境			√
	户籍制度改革	√		

综上所述，农村宅基地集约开发必须坚持集约性、人民性、差异性、渐进性、协调性五个基本原则，构建宅基地置换城镇（中心村）房产、放弃宅基地＋经济补偿和宅基地置换＋自建住宅等三种典型模式，在面向城镇化、市场化、现代化的农村宅基地集约开发实践中，完善农村宅基地管理，推动农村宅基地开发事业发展，为社会主义新农村建设做贡献！

结　　语

　　本书比较系统地梳理和阐述了马克思主义住宅理论，对马克思、恩格斯住宅理论的形成、背景、主要内容及其特点做了较系统的分析归纳，对苏联共产党人和中国共产党人的住宅思想做了具体的分析和概括，剖析了马克思主义住宅理论对当代中国的指导意义。这是对马克思主义住宅理论的一次比较完整的阐述，有助于我们进一步深化对马克思主义理论整体性、全面性的认识。

　　在马克思主义住宅理论指导下，以土地管理学、市场化、城镇化、现代化、社会主义新农村建设等理论为依据，通过对国内外有关土地管理制度、农村土地流转、管理、开发等方面研究现状的了解，以及对四川省成都市和浙江省嘉兴市农村宅基地集约开发的典型调查分析，系统梳理了我国农村土地管理法制建设、城镇化、市场化、现代化和新农村建设的发展历程及围绕宅基地集约开发的影响分析，重点分析了四川省成都市和浙江省嘉兴市农村宅基地集约开发典型模式的具体做法和成功经验。

　　在系统分析和理论论证的基础上，提出了面向城镇化、市场化、现代化的农村宅基地集约开发模式构建。应坚持的五条基本原则是：集约性、人民性、差异性、渐进性、协调性；构建包括基础要素、关键要素、辅助要素共三类十个要素在内的三种农村宅基地集约开发模式：宅基地置换城镇（中心村）房产模式、放弃宅基地＋经济补偿模式和宅基地置换＋自建住宅模式。三种模式的构成要素与城镇化、市场化、现代化取向具有不同程度的关联关系，在宅基地集约开发建设中发挥的作用也有程度的差异，并且通过各构成要素的相互渗透和作用，推动着面向城镇化、市场化、现代化的农村宅基地集约开发事业的发展。

　　本书在继承前人研究成果的基础上，通过大量实地调研、中外比较分析，探索构建农村宅基地集约开发的有效模式。本研究创新体现在三方面：一是宏观管理的哲学高度阐释个案经验，立足于四川省成都市和浙江省嘉兴市农村宅基地集约开发的实践，站在城镇化、市场化、现代化的价值高度，进行总结提升，使地方经验上升为一般模式，拓展了研究视野。二是通过梳理我国农村土地流转的法制内容，分析只允许农民承包地流转，不允许农民宅基地流转的法制缺陷及对宅基地集约开发的制约作用；提出农村宅基地"自由"（以一户一宅为前提）流转的法制建议，突破了学界只注重农民承包地流转研究的局限，为突破农村宅基地流转法制障碍做了大胆探索。三是以城镇化、市场化、现代化的三重视野，把握新农村建设的时代方向，探索农村宅基地集约开发的有效模式，突破了学界和实践中囿于总结地方经验的局限，构建了一个撬动新世纪社会主义新农村建设全局的实践模式。

　　本书的研究存在诸多不足，系统深入研究还不够，数学分析运用能力较欠缺，对农村宅基地集约开发模式的量化分析不足，今后将进一步结合社会主义新农村建设和农村社会主义市场经济的深入发展，对农村土地管理制度的演进和乡村振兴战略实施住宅制度改革的完善展开系统的研究。

参考文献

一　中文文献

（一）经典著作

《马克思恩格斯全集》第 23 卷，人民出版社 1995 年版。

《马克思恩格斯文集》第 1 卷，人民出版社 2009 年版。

《马克思恩格斯文集》第 2 卷，人民出版社 2009 年版。

《马克思恩格斯文集》第 3 卷，人民出版社 2009 年版。

《马克思恩格斯选集》第 2 卷，人民出版社 2012 年版。

《斯大林全集》第 13 卷，人民出版社 1960 年版。

《毛泽东文集》第 6 卷，人民出版社 1999 年版。

《周恩来选集》下卷，人民出版社 1984 年版。

周恩来：《政府工作报告》，《人民日报》1955 年 7 月 8 日。

周恩来：《政府工作报告》，《人民日报》1954 年 9 月 24 日。

《刘少奇选集》下卷，人民出版社 1984 年版。

邓小平：《关于建筑业和住宅问题的谈话》，《人民日报》1984 年 5 月 15 日。

《邓小平文选》第 2 卷，人民出版社 1994 年版。

邓颖超：在一届人大第三次会议上的讲话，《人民日报》1956 年 6 月 24 日。

胡锦涛：在全国农村基层组织建设工作座谈会的讲话，《人民日报》1996 年 10 月 26 日。

胡锦涛：在中央政治局第二十八次集体学习时的讲话，《人民日报》2006 年 1 月 27 日。

习近平:《决胜全面建成小康社会　夺取新时代中国特色社会主义伟大胜利——在中国共产党第十九次全国代表大会上的报告》,人民出版社 2017 年版。

《习近平谈治国理政》,外文出版社 2014 年版。

《十四大以来重要文献选编》(下),人民出版社 1999 年版。

(二)学术著作

陈廷一:《皇天后土——中国,拯救我们的土地》,济南出版社 1998 年版。

迟福林:《走入 21 世纪的中国农村土地制度改革》,中国经济出版社 2000 年版。

董忠堂:《建设社会主义新农村论纲》,人民日报出版社 2005 年版。

杜润生:《中国农村体制变革重大决策纪实》,人民出版社 2005 年版。

丰雷、林增杰、吕萍等:《房地产经济学》,中国建筑工业出版社 2008 年版。

何清涟:《现代化的陷阱——当代中国的经济社会问题》,今日中国出版社 1998 年版。

洪名勇:《农地习俗元制度及实施机制研究》,经济科学出版社 2008 年版。

侯淅珉、应红、张亚平:《为有广厦千万间——中国城镇住房制度的重大突破》,广西师范大学出版社 2012 年版。

贾生华、田传浩、史清华:《中国东部地区农地使用权市场发育模式和政策研究》,中国农业出版社 2003 年版。

李斌:《分化的住房政策》,社会科学文献出版社 2009 年版。

李龙浩:《土地问题的制度分析》,地质出版社 2007 年版。

李炜:《2008 国土资源新政解读与实务问答》,地质出版社 2008 年版。

李炜:《国土资源新政解读与实务问答》,地质出版社 2007 年版。

林卿:《农地利用问题研究》,中国农业出版社 2003 年版。

林增杰、严星、谭峻:《地籍管理》,中国人民大学出版社 2001 年版。

刘军、刘玉军、白芳:《新农村住宅图集精选》,中国社会出版社

2006 年版。

刘俊:《中国土地法理论研究》,法律出版社 2006 年版。

刘卫东、彭俊等:《城市化地区土地非农开发》,科学出版社 1999
年版。

陆红生、王秀兰:《土地管理学》,中国经济出版社 2000 年版。

马春辉:《中国城市化问题论纲》,社会科学文献出版社 2008 年版。

钱文荣:《城市化过程中的耕地保护问题研究》,中国农业出版社
2000 年版。

《上海住宅建设志》,上海社会科学院出版社 1998 年版。

沈汉:《英国土地制度史》,学林出版社 2005 年版。

史清琪等:《技术进步管理工程》(上、下卷),中国数字化出版社
2003 年版。

王海平:《土地资源管理——洪涝灾害区的开发利用与治理》,国防科
技大学出版社 2008 年版。

王秋兵:《土地资源学》,中国农业出版社 2002 年版。

王松林:《节约集约用地——促进经济社会可持续发展》(上下册),
中国大地出版社 2009 年版。

魏东:《农村土地产权制度改革探讨》,中国学术期刊电子出版社
2008 年版。

吴远来:《农村宅基地产权制度研究》,湖南人民出版社 2010 年版。

武拉平、李富忠:《农村节约型社会建设知识读本》,中国农业大学出
版社 2009 年版。

向春玲:《城市化进程中的理论与实证研究》,湖南人民出版社 2008
年版。

于思远:《房地产住房改革运作全书》,中国建材工业出版社 1998
年版。

臧峰宇:《恩格斯〈论住宅问题〉研究读本》,中央编译出版社 2014
年版。

张红宇、陈良彪:《中国农村土地制度建设》,人民出版社 1995 年版。

张钧:《农村土地制度研究》,中国民主法制出版社 2008 年版。

周琳琅:《统筹城乡发展的理论与实践》,中国经济出版社 2005 年版。

［德］阿·米尔伯格：《住宅问题 社会概略》，李长山、周志军译，《马列著作编译资料》第 2 辑，人民出版社 1979 年版。

（三）学术论文

曹荣山、沈志荣：《溱东创设农村土地流转有形市场》，《经营·管理》2008 年第 9 期。

陈广华、徐超：《农村住房反向抵押的法律障碍与实现路径研究》，《南方金融》2020 年第 3 期。

陈基伟、徐小峰、章晓曼：《农村宅基地的多元利用》，《中国土地》2018 年第 8 期。

陈杰、郭晓欣：《中国城镇住宅制度 70 年变迁：回顾与展望》，《中国经济报告》2019 年第 4 期。

陈丽艳：《试论农村土地制度改革——从农村养老保障制度建设角度出发》，《湖北经济学院学报》（人文社会科学版）2008 年第 8 期。

陈明星、肖兴萍：《国有私营：中国农村土地制度改革的方向》，《柳州师专学报》1995 年第 6 期。

陈瑞喜：《有效引导农村土地流转，破解现代农业发展难题》，《农村经营管理》2008 年第 6 期。

陈万军：《探析现阶段农村土地流转现状》，《现代农业科学》2008 年第 8 期。

陈湘珍：《搞活土地流转，发展现代农业》，《江苏农村经济》2008 年第 8 期。

邓超：《关于新农村建设中土地流转问题的思考》，《现代农业科技》2008 年第 16 期。

段莹、李冰、辛林：《实现农村住房财产权的法律研究》，《农业经济》2020 年第 4 期。

冯应斌、杨庆媛、董世琳等：《基于农户收入的农村土地流转绩效分析》，《西南大学学报》（自然科学版）2008 年第 4 期。

辅黎萍、高雅仙：《加快农村土地流转，推进现代农业发展》，《工作研究》2008 年第 5 期。

付尊严：《我国农村宅基地制度的形成及改革方向》，《广东经济》

2017 年第 7 期。

郭丽平、裴融冰、李秀莲：《关于科尔沁区农村土地流转情况的调查》，《现代农业》2008 年第 11 期。

郭阳旭：《农村土地流转中社保功能体现与补偿标准计算研究》，《重庆工商大学学报》（西部论坛）2008 年第 4 期。

胡宏伟：《农村土地制度法制建设的路径选择》，《中国集体经济》2008 年第 5 期。

孔祥建：《土地产权明晰化是农村土地制度改革的最终选择》，《农业经济》2008 年第 9 期。

冷淑莲、徐建平、冷崇总：《农村土地流转的成效、问题与对策》，《改革探索》2008 年第 5 期。

李辉、宋智勇：《城镇化进程中农村住房问题研究》，《农业考古》2014 年第 3 期。

刘春艳：《对农村土地流转问题的讨论》，《和谐发展论坛》2008 年。

倪广清、何文华、茅庆华等：《转出一片艳阳天——射阳县农村土地流转的调查》，《经营·管理》2008 年第 9 期。

潘啸：《农村土地流转的动因分析与对策选择》，《山东社会科学》2008 年第 6 期。

申智玲：《对农村土地流转问题的几点思考》，《现代农业科技》2008 年第 16 期。

时菊红：《浅谈如何规范农村宅基地的管理》，《国土资源》2012 年第 3 期。

孙荣飞：《农村土地制度改革的思考》，《理论与当代》2008 年第 8 期。

汪学军：《规范农村土地流转，发展适度规模经营》，《农村经营管理》2008 年第 7 期。

王承武、蒲春玲：《农村土地使用权流转的制约因素与路径选择》，《研究与探索》2008 年第 9 期。

王春超、李兆能：《农村土地流转中的困境：来自湖北的农户调查》，《华中师范大学学报》（人文社会科学版）2008 年第 4 期。

王鹏、于成哉：《肃州区——土地流转拓宽农民增收路》，《民生民事》2008 年第 9 期。

魏盼：《土地制度与村民自治的关系》，《学术探讨》2008 年第 8 期。

夏金梅：《我国农村土地制度创新的"内卷化"分析》，《安徽农业科学》2008 年第 22 期。

忻梅：《重构我国土地立法的价值体系》，《北京行政学院学报》2007年第 5 期。

许经勇：《深化农村宅基地制度改革赋予农民用益物权》，《农业经济管理》2019 年第 1 期。

许亚芬：《制约农村土地流转的主要因素及对策》，《内蒙古农业科技》2008 年第 3 期。

杨慎：《邓小平关于建筑业和住宅问题的谈话》，《中国发展观察》2010 年第 5 期。

杨玉生：《列宁斯大林时期关于住宅问题的理论与实践》，《辽宁大学学报》（哲学社会科学版）1981 年第 6 期。

衣保中、张凤龙：《吉林省农村土地流转和农村劳动力转移的相关分析》，《农业科技管理》2008 年第 4 期。

于合军、潘兴良：《我国农村土地制度改革方向探讨》，《贵州财经学院学报》2008 年第 5 期。

张成中：《加快农村土地流转势所必然》，《三农·论坛》2008 年第7 期。

张振朋、曹小会：《农村土地制度改革——对土地股份制的分析》，《今日南国》2008 年第 7 期。

周明俐、倪宏敏：《农村土地流转制度改革初探》，《华商》2008 年第7 期。

邹世享、史清琪：《关于农村宅基地流转开发的法制建设分析，资源与产业》2011 年第 2 期。

（四）学位论文

习近平：《中国农村市场化研究》，博士学位论文，清华大学，2002 年。

陈美球：《中国农村城镇化进程中的土地配置研究》，博士学位论文，浙江大学, 2002 年。

冯继康:《中国农村土地制度:历史分析与制度创新》, 博士学位论文, 南京农业大学, 2005 年。

郭新力:《中国农地产权制度研究》, 博士学位论文, 华中农业大学, 2007 年。

靳相木:《中国农地制度研究》, 博士学位论文, 山东农业大学, 2002 年。

雷红:《农地使用权制度变迁与创新研究》, 博士学位论文, 四川大学, 2007 年。

李明秋:《中国农村土地制度创新研究》, 博士学位论文, 华中农业大学, 2001 年。

任庆恩:《中国农村土地权利制度研究》, 博士学位论文, 南京农业大学, 2003 年。

孙佑海:《土地流转制度研究》, 博士学位论文, 南京农业大学, 2000 年。

汪晖:《城市化进程中的土地制度研究——以浙江省为例》, 博士学位论文, 浙江大学, 2002 年。

吴亚卓:《当代中国农村土地制度变革研究》, 博士学位论文, 西北农林科技大学, 2002 年。

张星辉:《我国农村土地使用制度创新研究》, 硕士学位论文, 福建农林大学, 2008 年。

(五) 制度文件

成都市国土资源局:《关于推动城乡一体化有关用地问题的意见(试行)》, 2005 年 3 月 31 日。

成都市国土资源局:《关于支持灾后农村住房重建的实施意见》(成国土资发〔2008〕332 号)。

成都市人民政府:《关于坚持统筹城乡发展加快灾后农村住房重建意见》(成府发〔2008〕46 号)。

嘉兴市委办公室:《关于创建现代新农村建设示范镇村, 加快提高城乡一体化发展水平的试行意见》, 2008 年。

嘉兴市委办公室：《关于进一步深化农村集体资产产权制度改革的意见（试行）》，2010 年。

嘉兴市委办公室：《关于开展节约集约用地试点，加快农村新社区建设的若干意见》，2008 年。

嘉兴市委办公室：《关于开展统筹城乡综合配套改革试点的实施意见》，2008 年。

嘉兴市委办公室：《关于 2008 年建设现代新农村推进城乡一体化的工作意见》，2008 年。

嘉兴市委办公室：《关于深化完善"两分两换"，加快推进统筹城乡发展的若干意见》，2010 年。

嘉兴市委办公室：《关于深化完善新市镇建设的若干意见》，2010 年。

李昌平：《四川农村改革指南》，2012 年 12 月。

李昌平：《四川新农村建设指南》，2012 年 11 月。

中共成都市委、成都市人民政府：《关于加强耕地保护进一步改革完善农村土地和房屋产权制度的意见（试行）》（成委发〔2008〕1 号文）。

中共成都市委、成都市人民政府：《关于统筹城乡经济社会发展推进城乡一体化的意见》，2004 年 2 月 6 日。

中共中央：《关于推进农村改革发展若干重大问题的决定》，人民出版社 2008 年 10 月。

《中共中央国务院关于实施乡村振兴战略的意见》，《人民日报》2018 年 2 月 5 日。

《中共中央国务院关于推进社会主义新农村建设的若干意见》，《人民日报》2006 年 2 月 22 日。

（六）网络论文

《从与国有企业改革的对比中看中国农村土地产权制度改革》，http：//chenxia ngliusu. bokee. com/821852. html。

孔善广：《农村土地股份化和私有化分析》，http：//www. china va lue. net/a rticle/12822. html。

二　外文文献

Katherine Inman, Donald M. McLeod, Dale J. Menkhaus, "Rural Land Use and Sale Preferences in a Wyoming County", *Land Economics*, Vol. 78, No. 1 (Feb., 2002), 72 – 87.

Mark Scott, "Rural Housing: Politics, Public Policy and Planning", M. Norris and D. Redmond (eds.), *Housing Contemporary Ireland*, 2007 Springer, 344 – 363.

Robert C. Ellickson, "Property in Land", *The Yale Law Journal*, Vol. 102, No. 6 (Apr., 1993), 1315 – 1400.

RossGarnaut, GuoShutian, MaGuonan, *The Third Revolution in the Chinese Countryside*, Cambridge University Press, 1996.

T. Besley, "Property Rights and Investment Incentives: Theory and Evidence from China", *Journal of Political Economy*, 1995 (103).

后　记

英国古典政治经济学之父威廉·配第曾说过，"劳动是财富之父"，"土地是财富之母"。本书将农村土地的重要元素宅基地和发展住宅产业的劳动相结合开展研究，具有重要的意义。

本书是在本人博士学位论文研究成果的基础上撰写的，力图在系统研究和概括马克思主义住宅理论的基础上，运用这一武器，指导我国农村宅基地的集约开发，反思我国城市住房制度的改革发展，以期探索我国房地产业健康发展的长效体制机制。

本书在撰写过程中，原浙江省嘉兴市委政策研究室、现中央某部委工作的潘锡辉先生为我提供了大量翔实的数据资料、文本材料，并为我的实地调研提供了真诚的帮助！在此深表感谢！本研究成果获得四川省社科基金项目"新农村建设中农村宅基地集约开发模式研究"（项目编号：SC12B015）的支持，项目组提供了成都市的大量资料，对此表示感谢。我的研究生张俪佳囡、孙伟康、王红艳、李亚楠、宋蔚琪、武玥、李柳、常家瑶等参与了校对工作，在此表示感谢！

本书的出版，得到了中国社会科学出版社的大力支持，获得了中国地质大学（北京）学科建设基金的支持，对此表示衷心的感谢！

本书对马克思主义住宅理论和我国住宅问题的研究还有很多不成熟之处，恳请专家学者、读者批评斧正！

邹士享

2020 年 11 月 10 日于地苑